精讲导读教语文

◎ 曾中文 著

·广州·

图书在版编目（CIP）数据

精讲导读教语文/曾中文著. —广州：华南理工大学出版社，2019.8
ISBN 978-7-5623-6101-5

Ⅰ.①精… Ⅱ.①曾… Ⅲ.①小学语文课－教学研究 Ⅳ.①G623.202

中国版本图书馆 CIP 数据核字（2019）第 180112 号

Jingjiang Daodu Jiao Yuwen

精讲导读教语文

曾中文　著

出　版　人：卢家明
出版发行：华南理工大学出版社
　　　　　（广州五山华南理工大学 17 号楼，邮编 510640）
　　　　　http：//www.scutpress.com.cn　E-mail：scutc13@scut.edu.cn
　　　　　营销部电话：020-87113487　87111048（传真）
责任编辑：李秋云
印　刷　者：广州市新怡印务有限公司
开　　　本：787mm×960mm　1/16　印张：11　字数：222 千
版　　　次：2019 年 8 月第 1 版　2019 年 8 月第 1 次印刷
定　　　价：48.00 元

版权所有　盗版必究　　印装差错　负责调换

序

　　曾中文嘱我为他的新作《精讲导读教语文》作序。我认真拜读了该书的所有文章，深有感触，心生敬意。

　　曾中文的成长可谓励志！三十年曲折、艰辛的教育教学生涯可谓感人！他执着耕耘、坚守、奋斗在教育这一片沃土上，相信这份"咬定青山不放松"的韧劲和坚持也定会深深感染、滋养读者的心灵。

　　全书从"基本理念与教学实施""精讲五方""导读四例""科研成果""读书笔记"五个篇章呈现了曾中文作为一个教育管理者，不忘语文教学之根，踏实行走在语文学科研究之路上。作为一线校长，他始终没有放下语文，让我不由得心生钦佩和赞赏，并衷心期待广东省基础教育界能涌现出更多像他一样有追求的学术型、研究型的校长，能够踏踏实实、扎扎实实地真正扎根到基础教育一线中去。

　　"读"是曾中文语文教育理念的核心。课内，他践行"精讲导读"，崇尚求简求真的教学法，注重语言积累和整体诵读，构建小学语文有效教学策略；课外，他坚持日不间断地读书学习，倡导老师们"行素雅之风，养儒雅之气"，坚持学习和读书，做到"心中罗锦绣，口内吐珠玑"，以教师的儒雅熏陶学生的儒雅，积极推进读书活动，营造"好读书、读好书"的师生共读氛围，让师生共同追求"腹有诗书气自华"的境界。

　　《精讲导读教语文》这本新著，内容丰实，案例引人入胜。许多文章都是曾中文在小学语文教学一线探索、实践中感悟到并升华为理性思考的文字，饱含他从教以来的智慧和心血；"精讲五方""导读四例"更是他具有代表性的、经典的教学课例，具有较强的可操作性和示范引领性。

　　在和曾中文的接触中，我对他的教育主张也有所了解。他要用行动做教育、用手用脑做教育。正是这份信念，这份不懈的努力，让他实现了由一个普通教师到禅城区首席教师的蜕变。他积累了丰富的小学语文教学经验，深入开展教学科研活

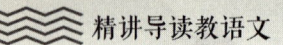

动,"精讲导读"简约教学法在多所学校实践推行;不断探索学校管理规律,带领原佛山市铁军小学重新崛起,获得较高的社会赞誉。他曾在佛山市科学馆、佛山市图书馆、佛山电台、佛山市机关幼儿园、佛山南海图书馆、佛山市部分小学等单位多次做国学经典、语文教学和亲子教育专题讲座,收到了较好的反馈。

  衷心祝愿在曾中文带领下的学校能走得更远,也祝愿他的《精讲导读教语文》能惠及更多的师生,让更多的师生享受阅读,享受语文!

粱志军

(作者系广东第二师范学院教授、中文系副主任,广东省小学语文教学研究会副理事长)

2019 年 7 月 20 日

前 言

我出生于湖南省新化县。我的家乡是全国有名的武术之乡，素有崇文尚武的风俗，一般每家的小孩从小都要去乡村内有名的拳师处拜师学艺。每当春节期间，学了点花拳绣腿的小孩都要在舞龙的行列中展示拳脚，做父母的都会在旁边一边乐呵呵地看着，一边点燃一小截鞭炮扔到空地上，那噼里啪啦的响声加上舞龙震天的锣鼓声，总会引得许多小孩聚拢观看。我也不例外，除了要接受艰苦的武术训练外，还要到我家附近的一位杨老师家里听故事。听杨老师讲《三国演义》等故事真是一种享受，听完后真想弄本书看一看。但那时因为家里五兄妹既要吃穿，还要读书，不堪重负，所以基本没有什么钱买书。如果能读到一本口袋大小的小人书，那已经是非常奢侈的了。

在饭桌上，父亲常常训导我们："没有规矩，不成方圆。"谁坐过了位置，谁夹菜时乱翻乱戳，谁吃饭时掉了饭粒，谁没有吃干净碗里的饭，父亲都要一一训斥。在学习上，父亲常常教导我们："成绩在奋斗中争取，前途靠自己去寻找。""文不借笔，武不借枪。"父亲不但要求我们学习优秀，而且要求我们要身体好、会农活；希望我们不要做一个"口不善言、脑不会想、手不能提、肩不能挑、脚不能走"的人。因此，上山看牛砍柴、拔猪草捡野果，下地插秧割禾、除草种地，这些活儿我们五兄妹都干过。即使我们三兄弟考上了大学，都还要利用寒暑假回家帮忙搞"双抢"①、收红薯、种马铃薯、割草锄地，等等，我们都毫无怨言。而母亲虽然言语不多，但她勤恳朴实、任劳任怨，她的言行对我们每一个人而言就是无声的教诲。

儿时这些琐碎的记忆，对我产生了深远的影响。父亲的言（严）教和母亲的身教，让我多年来不敢随便懈怠、不敢随意张扬。我恪守"文不借笔，武不借枪"的座右铭，牢记"从无字句处读书，与有肝胆人共事"的道理，默默跋涉在语文教育

---

① "双抢"，即抢收、抢种，指农村立秋前后进行的早稻收割、晚稻播种插秧的农活。

这条崇高的道路上。

1990年大学毕业后，我在娄底市马鞍山煤矿子弟学校任教，教初中语文。1994年，我来到了广东，成为佛山建设小学二年级的语文代课老师。初来乍到，由于教学对象从中学生变成小学二年级学生，我一下子手足无措。加上语言不通，刚开始的教学工作困难重重。我尤其记得，一个周五下午，我刚布置完语文作业，竟有一名学生举手大呼"抗议"！随即其他学生也跟着起哄。彼时临近放学，许多家长来到了教室门口，我只好在万分尴尬中让学生们放学。后来，在当时校长李美婵的包容和支持下，我一边苦读有关教育学、心理学及小学语文教学的相关书刊，一边虚心向经验丰富的教师求教、细心备课，终于赢得了学生的认可和家长的信任。这段经历让我明白了，亲其师、信其道，读懂孩子的心，应是语文教学乃至任何科目教师教育的起点。

1995年，我调入佛山澜石小学任教，教四年级语文，兼语文科组长。当时，我需要带好教学班，同时带领全校语文老师开展教学科研活动，工作的节奏非常紧凑。在治学严谨的冯恩涛校长的指导下，我一方面认真学习语文教学大纲，全面熟悉小学一至六年级的教材，一方面认真学习小学语文类的教学杂志，精心上好每一堂课，扎实练好上课、听课、评课的基本功。当时澜石小学的教研氛围非常浓厚，跨学科听课、评课是常态化的教学活动。给我磨砺最大的是每学期每位教师必上的常态研究课，作为科组长的我是需要课课必听的。为了不在同行面前出丑，我预先熟悉上课老师执教的课文，阅读教学参考书，浏览教学期刊上同类课文的优秀课例，并思考"假如我来上这堂课，我会怎么上"。于是听课时总能做到心中有数，评课时往往胸有成竹，能够抓住要点评出别人想不到或难以准确表达的观点。一个学期下来，我听了超过50节课，过程很辛苦但也很充实快乐，在这个过程中我逐渐感悟到，原来课堂的"道"是相通的，其他学科的课堂需要语文，语文课堂同样也需要其他学科的东西。作为一名语文老师，仅仅关注自己任教的学科是远远不够的，还要放宽视野，吸纳其他学科的研究成果和经验，为己所用。

正是因为以上的磨砺，1997年我在佛山市石湾区①教育局举办的上课、听课、现场评课的评比中脱颖而出，获得了"优秀科组长"的称号。我并未满足于这一荣誉，铆足了劲继续开展语文课堂的教学研究。1997年开始，我陆续发表了《能力型课堂教学结构初探》《阅读教学中思维品质训练》《培养学生提出问题的能力》《阅读教学异—带—练模式》等文章；同时，我的阅读课例《鸟的天堂》及《草船借箭》、情境作文课《美丽的校园》先后在石湾区及佛山市的教学比赛中获得嘉奖，讲课更是获得"有激情有底蕴，大容量大气势"的评价；此外，我参与的科研

---

① 2002年佛山市行政区划调整中，撤销了石湾区，原石湾区所辖区域归属禅城区管理。

课题"层次性课堂教学结构"的科研成果在广东省的评比中获奖，这些科研的"甜头"，坚定了我走教学与科研结合之路的决心和信心。

2001年，我参加佛山澜石镇校长竞聘，受聘为澜石小学副校长，首次走向行政管理岗位。作为主管教学的副校长，几乎每个学科的研讨课我都要参与听课、评课，一个学期下来须听100多节课，由于我还兼任语文教学班的工作，常常只能在晚上批改完作业、备完课之后，再熟悉各个学科的课程标准、教材、教学参考书及相关材料。

实施新课改以后，当时语文课上老师们普遍比较迷茫：教材改了，课后问题少了，不允许分段概括段落大意和中心思想，课堂上形式的东西多了起来，整个语文课堂呈现热闹走过场的虚华状态。当时我也有过一些困惑和动摇，但我始终相信，语文的教学更多的应该是整体性的，应该带领学生在课文里走一个来回，应该"以课后问题为骨架组织课堂教学"、力求"精讲导读"，应该引导学生多读多诵，还原"语文味"。受我国台湾地区王财贵教授的影响，2003年开始，我尝试在学校中推行经典诵读；2005年，华中师范大学杨再隋教授发表题为《呼唤本色语文》的文章，呼吁"平平淡淡教语文、简简单单教语文、扎扎实实教语文、轻轻松松教语文"，让我更加坚定了"精讲导读"的语文教学探索之路。

在2004—2008年期间的教学及科研探索中，我收获了一系列成果，同时，基本形成了"大容量、主线清、训练实、巧评价"的教学风格。2008年，我被评为佛山市禅城区首批"名教师"。

佛山市第九小学①是我曾经十分向往的地方。九小原校长邓泽棠是情境作文专家，我聆听过他充满激情和创意的作文课，参与过他主持的情境作文课题项目。2008年9月，我终于有幸调入九小任副校长。我秉承"踏踏实实做事，老老实实做人"的原则，认真履行副校长的工作职责，一丝不苟地完成班级语文教学工作，与同事团结协作，兢兢业业地做好每件事情。九小高频率的工作强度、高压力的工作状态、高期望的学生和家长，让我感觉到扑面而来的混合压力，感受到自身的浅薄和底气不足，更加明白学习的紧迫性和重要性。于是，我努力做到坚持学习，养个人的底气和才气；坚持反思，养自己的锐气与勇气。

在九小工作期间，我积极推进读书活动，营造"好读书、读好书"的师生共读氛围，并推行学生经典诵读活动。每天清晨，校园里响起古诗文诵读的声音；午读和午休时间，教室里传出学生读《三字经》《弟子规》《论语》等的朗朗书声。同时，还推进教师读书分享交流活动，使得教师们因腹有诗书而底蕴更加深厚。很多时候，我

---

① 后文中简称为"九小"。

与教导处的几位主任一起,利用午休和下午放学以后的时间跟学科组长、上课老师一起评课、共同磨课;很多时候,我在晚饭后回到办公室继续伏案疾书;很多时候,周末我又回到了学校加班加点……在九小的时光,累并充实着。

2010 年,我调入佛山市铁军小学任常务副校长;2012 年,任铁军小学校长。2018 年,我调入佛山南庄中心小学任校长工作至今。

2010 年以来,我先后发表了《作文要让学生"说"起来》《还原本色,返璞归真》《变革日常教学实践,促进教师自主发展》《精讲导读,求简求真——构建小学语文有效教学策略》等文章,对自己多年来的教学探索做了一个阶段性的梳理。在铁军小学任校长期间,我深感目前小学语文教学"少、慢、费、差"的状况还未得到根本性改观,许多课堂仍存在繁琐分析的现象,于是我申报并主持了市级科研项目"小学语文有效教学策略研究",开展向"繁琐分析说再见"的"精讲导读"实践,并推行诗歌教育。来到南庄中心小学,我主持了省级十九大精神专项课题"小学语文教学中传承中华优秀传统文化的有效策略",继续开展传承中华优秀传统文化的课堂实践,大力倡导读书尤其是倡导开展经典诵读活动。

我倡导我们语文科目的老师"行素雅之风,养儒雅之气",要向"繁琐分析"说再见,要抛弃进行繁琐的内容分析和语言分析以及讲解文本的普遍现象,转而注重语文学科语言的积累和整体的诵读。倡议老师要坚持学习和读书,做到"心中罗锦绣,口内吐珠玑",以教师的儒雅熏陶学生的儒雅,最终实现师生共同"腹有诗书气自华"。

我致力于从教学策略层面推动学科教学的革新。其中,在阅读教学中倡导以"精讲导读"为主教学策略,形成"整体感悟、节点切入、上挂下联、回归整体"的阅读教学基本课型;在作文教学中以"回归童真"为主教学策略,抓好生活和阅读两个方面,激活学生的生活体验,促进读写结合的模仿迁移,形成童真作文教学特色。

回顾近三十年的小学语文教学及学校管理历程,我不由得感慨:一路走来多有志同道合的教学同仁的支持和互助,也有我自己"咬定青山不放松"的坚持与韧劲,更有一批又一批学生与家长给予的信任与启发,才成就了我今天的所思、所感、所悟以及所取得的成绩。

本书正是我多年来执着于一线语文学科教学与科研探索的结晶。全书共分五个篇章,第一篇"基本理念与教学实施"对我所坚持并主张的"精讲导读"教学理念进行介绍;第二篇"精讲五方"、第三篇"导读四例"梳理了详细的教学课例,作为对"精讲"与"导读"的阐释;第四篇"科研成果"呈现了我所主持的有关小学语文有效教学研究项目的情况;第五篇"读书笔记"是我教学工作之余读经典、读美文的一些感悟。

小学语文课可谓开启学生聪与慧的第一座桥梁，可以为学生日后的成长成材奠定根基、提供沃土。本书辍笔之际，我深感作为一名小学语文教育工作者肩上的担子之重，更加体会到在师生中推行"精讲导读"的语文教学模式以及继续不遗余力倡导经典诵读、传承优秀传统文化的深远意义。

　　路漫漫其修远兮，吾将上下而求索。

　　由于本人水平有限，书中难免存在疏漏之处，敬请广大读者给予批评指正。

2019 年 7 月于佛山禅城

目 录

第一篇　基本理念与教学实施

小学语文教学应遵循的基本常识 ……………………………………… 2
让学生思维的火把燃烧起来 ……………………………………………… 7
阅读教学"导—带—练"模式 …………………………………………… 12
从诗文中寻找教育的智慧 ………………………………………………… 16
作文要先让学生"说"起来 ……………………………………………… 19
向繁琐分析说再见
　　——我这样教《杨氏之子》 ……………………………………… 23
课堂教学呼唤人文精神的回归 ………………………………………… 28
构建开放的语文课堂模式 ………………………………………………… 30
在"一课二上三讨论"中提升课改能力 ……………………………… 31

第二篇　精讲五方

一、大问题引领 ……………………………………………………………… 34
　　《真理诞生于一百个问号之后》教学设计 ……………………… 35
　　《伯牙绝弦》教学设计 …………………………………………………… 38
二、一个词贯穿 ……………………………………………………………… 42
　　《自己的花是让别人看的》教学设计 …………………………… 43
　　《守株待兔》教学设计 ………………………………………………… 46
三、戏剧化教学 ……………………………………………………………… 49
　　感受人性之美
　　　　——《搭石》教学设计 ……………………………………… 50
　　《幸福是什么》戏剧化教学设计 ………………………………… 55

四、图表化解读 ·· 60
《美丽的小兴安岭》教学设计 ·············· 61
《鲁滨孙漂流记》分享课教学设计 ·········· 64

五、对比式聚焦 ·· 68
《学会看病》《剥豆》整合教学设计 ·········· 69
《蜜蜂》读写结合设计 ···················· 72

第三篇　导读四例

一、经典导读 ·· 76
领读《〈弟子规〉到底说什么》 ·············· 77

二、整本书导读 ·· 88
《草房子》导读 ························ 89

三、古诗文导读 ·· 96
草原之歌
——品读《敕勒歌》 ···················· 97
"两个鸡蛋一把韭菜"
——品读《绝句》（杜甫） ················ 99
强烈的爱国情怀
——品读《示儿》 ······················ 101
一身正气的郑板桥
——品读《竹石》 ······················ 103
品梅、赞梅、学梅
——品读《墨梅》《梅花》《卜算子·咏梅》 ······ 105

四、绘本导读 ·· 107
《逃家小兔》绘本导读 ···················· 108

第四篇　科研成果

精讲导读　求简求真
——"小学语文有效教学策略研究"结题报告 ············ 114
小学语文教学中传承中华优秀传统文化的思考与探索 ·········· 121
培养质疑能力　点燃创新火把
——小学语文教学中学生提问的行动研究 ·············· 128

第五篇　读书笔记

做个精神明亮的读书人
　　——读《教语文，其实很简单：小学语文名师讲演录》有感……………… 138
做个明明德的人
　　——《大学》今读…………………………………………………………… 140
读《论语》　谈学习……………………………………………………………… 142
读《论语》　谈做人……………………………………………………………… 147
修补童年的底色
　　——读《草房子》有感……………………………………………………… 151
做一个怎样的人？
　　——读《奇先生妙小姐》有感……………………………………………… 153
勤奋与自律
　　——读《李嘉诚大传》有感………………………………………………… 155
知行合一　深知笃行
　　——读《知行合一的心学智慧》有感……………………………………… 158
教育究竟需要哪些常识？
　　——读《回归教育常识》有感……………………………………………… 161

第一篇
基本理念与
教学实施

小学语文教学应遵循的基本常识

这是一个需要常识却又常识稀缺的时代。常识，乃"寻常之见"，是一些简单而基本的道理、准则，是众人皆知、无须解释或加以论证的知识。但是，经历了10多年课程改革的小学语文教师，常常在高效课堂、自主课堂、创新课堂、智慧课堂、生本课堂、生态课堂、翻转课堂等诸多新理念、新模式中迷失了方向，忘记了小学语文课的基本常识。小学语文课应遵循哪些基本常识？究竟应怎样上语文课？笔者结合20多年的小学语文教学实践予以阐述，以抛砖引玉。

一、小学语文课首先姓"小"

小学语文课首先应契合小学生的年龄特点和生理规律。多年来小学语文教育之所以仍未走出"少、慢、差、费"的困境，就是因为只要细和深，追求大量繁琐分析，儿童学习语文的规律更是长期被忽略。明代陆桴亭早就总结出少年"多记性，少悟性"的规律。张志公[①]老先生在《传统语文教育初探》一书中谈道："进行语文教育，教学生识字、读书、作文，有两个重要之点：一是要符合本国语言文字的特点，一是要符合儿童和青少年学习本国语言文字的规律。"盲目搬用西方拼音文字国家的经验，用国际通用的阅读量表来衡量中国儿童的阅读能力，说什么要"读得细，读得深"，在中国儿童中显然是行不通的。

现代语言心理学也认为：纵观人的一生，年龄小时，记忆力强，而理解力却弱；随着年龄的增长，记忆力逐渐减弱，而理解力却逐步增强。这是不难理解的。除了生理因素以外，当大脑仓库储量不多而要记的东西又不多时，记忆就较容易；随着储量增多，而要记的东西又越来越多时，记忆就比较困难了。至于理解，它是新旧知识相联系的过程，大脑储存的旧知识不多，同新知识取得联系的可能性就受

---

① 张志公（1918—1997），我国当代著名语言学家、教育家。

到局限，理解力就显得相对薄弱；大脑储存的知识多起来了，理解力就会越来越强。道理很简单，但往往被人们忽视。可是，近百年来，我们的小学语文教学却反其道而行之，白白浪费了儿童记忆的黄金年华。

因此，小学语文应引导孩子大量阅读、大量记诵经典美文，"好读书不求甚解"。《语文课程标准》中提倡"少做题，多读书，好读书，读好书，读整本书"。大量实践证明，语文成绩好的孩子大都是得益于广泛的课外阅读。在《小树苗与大树的对话》的课文中，季羡林老先生建议"小树苗"要读闲书，起码要背两百首诗、五十篇古文，这还是最起码的要求。

二、语文课无非是"听、说、读、写"

什么叫语文课呢？叶圣陶先生说过，口头为语，书面为文。特级教师贾志敏认为："语文课就是教会孩子说话、写话。如果学生通过老师的教导、训练，张开嘴能说，拿起笔能写，而且说的话流畅、连贯、有情感，写文章切题、有中心、有内容、有层次，那么这个语文老师就做好了。"《语文课程标准》中指出，语文课程致力于培养学生的语言文字运用能力，提升学生的综合素养。目前，有些语文课淡化了语文知识的训练，虚化了语文能力的培养，使"听"的能力形同虚设，"说"的能力放任自流，"读"的能力不能落实，"写"的能力更令人扼腕叹息。贾志敏[①]老师反对语文课上声、光、电一起来的"假语文现象"，他谈到一位教师上《董存瑞舍身炸碉堡》这篇课文时，为达到教学效果，特意做了个机关连着一个爆炸物，讲到关键时，猛一踩脚，整个课堂上烟雾腾腾，吓得学生躲到桌子底下，听课老师以为发生地震了直往外跑。"那位老师自以为教学效果很好，殊不知完全背离语文课的精神。"

因此，笔者认为，语文课无非是"听、说、读、写"，引导学生能说会写。

听，要专注地听。引导孩子善于在倾听中尽快地抓住要点，更高的要求是能听出话外之音，做到心领神会。现在的课堂中发现孩子都比较好动，难以静心听讲。所以，首先要引导孩子安静、认真地听取老师的讲授和同学的发言。其次，要注意孩子的专注力时间一般在15分钟左右，在这个时间点的前后有必要设计一些有趣的环节或互动游戏来唤起孩子新的兴奋点。

说，要有个性地说。引导孩子个性化地表达自己的观点和想法，自己的观点要跟别人的不一样，不要人云亦云，要克服集体回答的怪现象。每个人的声音应该是不一样的，即使是认同某个观点，但表达的语言形式也可以是不一样的。老师在提问时，要逐步引导孩子完整、系统、全面地表达，进而提升到个性化地表达。此

---

① 贾志敏（1937—2019），我国当代著名小学语文特级教师。

外,复述也是孩子个性化表达的基础,常常复述有利于让孩子整体地把握内容。

读,要整体地读。引导孩子读的时候要读进去,读到文中的情境中去,读到字里行间的味道中去。现在的课堂有一个趋势,就是老师喜欢让孩子读自己喜欢的段落,喜欢对课文进行碎片化的解读和分析,孩子连课文都没有整体的初读和熟读就开讲了,这很容易误导孩子形成碎片化思维。语文课要引导孩子在课文里走一个来回,由整体到部分再回到整体,因此,整体地读课文显得尤为重要。杨再隋教授在《语文教学的整体观》一文中谈道,"语文教学的整体性首先在于人的整体性",整体不是生硬的、呆板的、僵化的整体,他主张"在联系中丰富整体、在整合中提升整体、在变化中美化整体"。

写,要随时写。引导孩子随时随地写点东西,不要等到提交习作的时候才写,不要等到作文比赛的时候才写。所谓"我手写我心",写无非是通过书面文字来表达自己的想法、情感,来描述自己的所见、所闻、所思、所感、所悟。据说于丹老师从三岁开始就每天写几句话来描述自己的情绪和感觉。

此外,还需引导孩子整体、系统地思考,这有利于孩子对学习材料的整体把握。我们的课堂常常拥有很多琐碎的问题,语文课上成了问题课,一个接一个的问题充满课堂,老师的任务就是让孩子回答完这些问题,但没有考虑到问题的系统性。因此语文课上要尽可能提出一两个大问题让孩子思考和探究。

三、语文不是教出来的,是读出来的

张田若先生认为,"阅读教学,第一是读,第二是读,第三还是读","对于语文老师来说,孩子哇啦哇啦读书,是最美妙的交响乐"。江苏教育出版社小学语文教材的主编张庆先生曾提出:"阅读教学,说到底是在老师指导下孩子自主阅读的过程。我觉得当前的阅读教学还是应该以进行读书的教学实践作为主线。强化初读,课文不读熟,决不开讲。强化初读,是改革阅读教学的突破口。"可见,语文课应将引导孩子读书作为教师的第一要务。

然而,直到现在,多数学校的多数老师还在用以下方法来教学,比如先教生字、生词,再分析文章、提炼主题、大量地做阅读题,最多还加上现代媒体工具及各种动漫影视。这就好比有一个大美人,学生都想看看她,你硬把她关在门外,一会儿扔进来美人的头发,一会儿提供美人的牙齿,然后是美人的胳膊、脚……学生哪能欣赏到她的美?不厌烦才怪。好文章如名轿车,你把它拆成了零件、碎片,一味强调研究、把玩,岂不是舍本逐末?

因此,笔者认为语文是读出来的。大声读,开口读,投入地读,老师朗读,学生跟读,集体读,单人读,反复读,读出感觉来再往下讲。读一遍,听一听,老师就知道学生已经理解到什么地步。再读、不断地读,直到老师读的和学生读的,都

达到了理解的程度，就已经过关了。

尤其对小学中高年级学生来说，全不用先去学生字、生词，直接读文章，这叫大规模记忆，整篇整段地去记。不是抓住字、词、句、段、篇，而是在篇中掌握段、句、词、字，通过阅读，所有的字、词、句就会在篇中活起来，而不是去死记硬背。读着读着，读出了美，读出了语感；读着读着，读出了感情，读出了情境。学语言，语感起着至关重要的作用，写作困难，很大程度上是语感不好造成的。我们的语言学习时间那么漫长，投入那么多金钱、精力，又有多少实际收效？由此看来，语文不是教出来的，而是说出来的、读出来的、写出来的，总之，是用出来的。

四、小学语文课应向繁琐分析"说再见"

堵不住繁琐分析的路子，就难以迈开语文教学改革的步子。小学语文课有必要向繁琐分析"说再见"，还原本色，精讲导读，学以致用。

要做到精讲，教师首先要"吃透"课程标准和教材，准确把握教材的重点和内在逻辑线索，用较少的语言就能把重点交代明白。同时，认真研究学生，知道他们哪些会了，哪些不会；哪些通过自学能够解决，哪些通过自学仍有难度。其次，要引导学生自学。学生能够学会的教师就不要讲，教师的讲主要起点拨作用。如同水沟里的水，要让它自己流，当它不流的时候才需要教师去拨一下。再次，教师不要一次把所有的问题都讲透，学生对经过自己思考和探究获得的东西印象更深刻。只有真正做到了精讲，学生才能有充裕的时间融入文本，喜作者之所喜，忧作者之所忧，产生共鸣，得到心灵的洗涤和情感的升华。

精讲必须少讲，但少讲不等于精讲。做到精讲应实现七个方面转变：一是要从以字、词、句、段、篇为抓手的繁琐分析，转变为以听、说、读、写、思为抓手的实践活动，而且应以读书、思考为主。要读"书"，必要时才用电子屏幕产品，读书时要拉开窗帘，还原教室的明亮；二是要从深挖关键词、重点句进行理性分析，转变为按照课文后的练习题进行实践性的思维训练，并从中得到感悟，受到熏陶。因为课后问题反映了编者的意图、单元的侧重点以及文本主旨；三是要从教师活动为主及少数学生的配合，转变为在教师的引导下让全班学生都开口、都动脑、都动手；四是要从只言片语的师问生答，转变为有准备地、系统地回答课后的思考题；五是要从课内不足课外补，转变为不设预习、不留课外书面作业，全部学习活动在课堂上完成；六是要从教学过程刻板化，转变为根据学生群体的学习动态随机调整教学手段和教学时间；七是要从教师只管讲道理，转变为强调教师处处起示范作用，示范书写、背诵，尤其是范读课文，并参与全班学生的讨论。

导读的理想境界是什么？就是引导学生诵读美文。加强诵读，有助于学生情感

的投入和对文本的深入体验。《语文课程标准解读》中提到："诵读是反复朗读，自然成诵，尤其适宜于抒情诗文、文言文等声情并茂的作品。诵读比简单的朗读更有助于从作品的声律气韵入手，体会其丰富的内涵和情感，有助于积累素材、培养语感、体验品位、情感投入，达到语文熏陶感染、潜移默化的目的。"华东师范大学巢宗祺教授曾谈到诵读有以下四个好处：一是可以记住一些语言材料。学生记住的不是一大堆零碎的词和语言规则，而是感性的语言材料；二是可以用典型的作品在头脑里建成字、词、句、段、篇构成的语言模型；三是可以让学生从头脑到发音器官连成一个完整的反应机制；四是可以让学生经受文化审美的熏陶。所以，从某种程度上说，抓住了诵读，就找到了让学生通向文本的一条捷径。

导读还需开放课堂，让学生跳出文本。《中国教育报》曾报道潍坊市韩兴娥老师进行大量阅读实验的成功经验，并明确指出"韩兴娥真正实践了著名教育家叶圣陶先生提出的'教材无非是个例子'的思想，她的经验值得我们借鉴和学习"。小学语文教学，应当是一个开放系统，"世事洞明皆学问，人情练达即文章"，语文学习的外延与整个生活相等。应积极构建书香校园、书香家庭、书香社会，让学生大量阅读，引导学生走出校门开展参观访问、旅游观光等活动，"读万卷书，行万里路"，增加文化积淀，在生活中学语文、用语文。

此外，语文课堂教学的实践活动离不开运用，要学以致用、边学边用，充分用好语文教材这个"例子"。现在的阅读教学有一种倾向，就是只重视读书，忽视"运用"；只注重学生的情感体验，注重通过文本阅读来积淀语感，而比较忽视通过练习来运用语感。在这点上，笔者赞成吴立岗教授的观点，他谈道：第一，每篇课文学完后，最好腾出10分钟时间让学生学习和运用语言；第二，对学生在阅读教学中通过反复诵读和品读形成的语感，要让他们通过情境性填词、情境性造句等模仿性练习积淀下来；第三，一定要为学生精心设计运用语感的书面练习，这种练习要具有多样性、创造性、可选择性、开放性和综合性。

今天我们缺的不是伟大的理论，而是普通的常识。如果没有教育常识，那就是教育责任、教育态度和教育品格的问题。正是这些普普通通的教育常识，往往决定着教育的好坏。但愿当今时代多一些遵循小学语文教学常识的好老师。

（本文发表于：《语言文字报》，2019年3月20日，第1268期，第5版）

让学生思维的火把燃烧起来

作为奠基性学科的小学语文学科，在当前倡导"文化自信"的中华民族伟大复兴的时代背景下，科任老师有责任有义务高擎起传承中华优秀传统文化的旗帜，引导学生好读书、读好书、读整本书、诵读国学经典，在丰富的听、说、读、写、诵的语文实践中贯穿思维训练、积淀人文底蕴，在学生的心中播下创新的文化火种，激活学生思维，让学生思维的火把燃烧起来。

一、小学语文教学中忽视思维训练的现象例举

自实施新课程改革以来，小学语文界出现了许多新做法，例如李希贵老师倡导的语文主题学习、窦桂梅老师引领的语文主题单元实验、韩兴娥老师坚持的"海量阅读"实践、陈琴老师首倡的"素读"，等等。但是，与此同时也涌现了诸如高效课堂、自主课堂、创新课堂、智慧课堂、生态课堂、翻转课堂等许多新名词、新理念，加上新媒体的广泛运用，许多一线的小学语文老师不断地"被折腾"，不停地适应新的改革，反而忘了语文教学的本真，感到无所适从。主要表现如下。

（一）不读书，无以思

"不学诗，无以言。"这句话的意思是，不学习《诗经》，就无法说出优雅得体的言辞。孩子学说话是很容易的，更多的是模仿，是来自于生活经验的"玩伴语言"。但要将话说好，说出得体适宜的话，却是不容易的。

人的思维是以语言材料为依托的，如果孩子没有积累丰富的书面语言材料，说的话可能干巴巴、缺乏活力与灵性，难以充分地表达自己的观点和丰富的情感。可见，人的思维的基础是丰富鲜活的语言材料，因而需要向生活学习、向身边的人学习，同时要向书本学习，在反复的学习、模仿、实践中整合和完善。

然而，目前小学生的阅读现状不容乐观，小学生的阅读时间被课内大量的繁琐

分析以及课外繁重的书面作业所占据。在《小树苗与大树的对话》一文中,季羡林先生建议"小树苗"要读闲书,起码要背两百首诗、五十篇古文,这还是最起码的要求。因此,"不读书,无以思",有必要引导学生大量地阅读优秀的课外读物,为激活学生的思维、丰富学生的表达打好基础。

(二)不提问,无以思

"学而不思则罔。"学问学问,不问则无以思,不思则无以学。思维活动产生于质疑,问题产生于已知和未知之间。学习就是质疑、求解的认识过程,没有问题就没有思考;没有学习的矛盾运动,就没有真正的学习。

但是,我们的课堂中常见到这样的现象:老师从头到尾都在不停地抛出问题给学生,牵着学生一次又一次地走向标准答案,甚至临下课了,老师还意犹未尽、滔滔不绝。这样的课成了老师的问题课,很少有学生提出问题,更难说有讨论、争论、辩论了。老师不允许学生犯错,教学计划不允许随便打乱。即使学生出错,也是意料之中,或是老师已安排好学生怎样出错,以便给听课老师做表演。而有的老师则选择匆忙解释、一晃而过,因为如不急忙解释,老师就完不成预定的教学计划。但事实上,往往老师越解释学生越糊涂。老师代替学生进行思考,剥夺了学生锻炼的机会,最终禁锢了学生的大脑。真正的课堂应让学生带着问题走进教室,又带着新的问题走出教室、走向生活。

二、构建点燃思维火把的"导读引疑"教学范式

"导读引疑"范式说明:导读激疑→导疑定向→导法解疑→导评存疑。

(一)导读激疑:讲求导入技巧,创设问题情境,激发学生的兴趣和疑问。

(二)导疑定向。

(1)质疑。引导学生自读课文,读后汇报:知道了什么?不知道什么?还想知道什么?

(2)集疑。听取和归纳学生的问题。

(3)辨疑。小组讨论,解决部分浅易问题。

(4)选疑。筛选出重难点问题,确定本课教学目标。

(三)导法解疑:包括四个方法途径,分别是:①个体探究;②小组合作;③全班交流;④诵读巧练。这是模式的关键部分,要求注重个体解疑的自主性、差异性、多样性,做到以疑促读、以读促思、以思促议、以议促练、以练促解。

(四)导评存疑:引导学生评价、反思、品味,并留下部分问题给学生课外解决,保持学生探究问题的"惯性",培养学生"打破砂锅问到底"的求学精神。

三、运用"导读引疑"教学范式的基本策略

（一）读行结合，激活学生思维的源泉

首先是引导学生"读万卷书"。我校（佛山市铁军小学）引进了语文主题单元学习实验，指导教师简简单单教语文，重视学生自主体验，把判断的权力和参与的自由交给学生，鼓励学生进行创造性阅读，把"学"和"思"落到实处。在教学中，除了用三分之一的时间来学习教材外，其余时间用来学习主题丛书，将课外阅读"挤"进课堂。学生在老师的指导下自主阅读，力求实现小学6年平均每年课堂阅读约100万字，6个学年学生课内外阅读总量不低于1000万字的目标。

其次是引导学生"行万里路"。"世事洞明皆学问，人情练达即文章"，语文学习的外延与整个生活等同。引导学生利用节假日，结合传统文化节日，开展参观访问、旅游观光、生命体验、爱心奉献等活动，丰富生活阅历，增加文化积淀，在生活中学语文、用语文，提升思辨能力。

（二）精讲课文，留给学生思考的空间

精讲必须少讲，但少讲不等于精讲。做到精讲至少应实现四个转变：一是要从以字、词、句、段、篇为抓手的繁琐分析，转变为以听、说、读、写、思为抓手的实践活动，而且应以读书、思考为主；二是要从深挖关键词、重点句进行理性分析，转变为按照课文后的练习题进行实践性的思维训练，并从中得到感悟，受到熏陶；因为课后问题反映了编者的意图、单元的侧重点以及文本主旨；三是要从只言片语的师问生答，转变为有准备地、系统地回答课后的思考题，讨论学生提出的有价值的问题；四是要从教师只管讲道理，转变为强调教师处处作示范，示范书写、背诵，尤其是范读课文，并参与全班学生讨论。

怎样落实精讲？我总结了"一词一问学课文"的方法，即抓住一个题眼、一个关键词或主问题，引导学生整体感知、节点突破、上挂下联、回归整体，让学生聚焦主要问题在课文中走一个来回。如教学《珍贵的教科书》一课时，我就引导学生抓"题眼"发问：什么叫"珍贵"？为什么说教科书"珍贵"？课文是怎样紧扣"珍贵"来写的？并抓住这个题眼组织教学。

又如在《自己的花是让别人看的》一文中，我抓住一个"美"字，引导学生联系生活经验"说美"，聊个人对美的认识；到文中"寻美"，品味文中美的句子，由景美联系到人的心灵美；通过反复诵读、想象画面来"悟美"，在质疑、解疑的过程中理解课后主问题"人人为我，我为人人"的大美境界以及作者的思乡情感；最后引导学生联系生活谈怎样"创美"，做一个大美大爱之人。

而在《伯牙绝弦》这篇古文的教学中，我先抓住对"知音"的理解，选择

"伯牙为什么绝弦"这个主问题贯穿全课，通过故事情节的展开让学习充满浓浓的情愫，巧妙地激发学生兴趣，让学生品悟伯牙的情感，理解知音的内涵。再引入伯牙、钟子期相知相识的背景资料，使课堂历史感和文化气息浓郁。最后以师生共同创作的小诗"精妙绝伦觅友朋，高山流水相知深。悲痛欲绝失知己，破琴绝弦谢知音"，引发学生对知音的深思。

（三）还原本色，扎实学生思维的训练

语文课无非是"听、说、读、写"，小学语文教学有必要还原本真，引导学生在听、说、读、写的实践中扎实思维训练，提升语文综合素养。

听，思聪。听，要思考怎样听明白。引导孩子善于在倾听中尽快地抓住要点，更高的要求是能听出话外之音、言外之意，做到心领神会。在现在的课堂中发现孩子比较好动，难以静心听讲。所以，首先要引导孩子安静认真地听老师讲授和同学发言。其次，要注意孩子的专注力时间一般在 15 分钟左右，在这个时间点的前后，有必要配合一些有趣的互动游戏来唤起孩子新的兴奋点。

说，思异。说，要思考表达怎样跟别人不一样，要有自己的个性。引导孩子个性化地表达自己的观点和想法，不要人云亦云，要克服集体回答的怪现象。即使是认同某个观点，但表达的语言形式也可以不同。在回答提问和讨论中，要逐步引导孩子完整地表达，进而提升到个性化地表达。此外，复述也是孩子个性化表达的基础，常常让孩子复述有利于整体把握内容。

读，思画。边读边想，能呈现画面感。引导孩子读的时候要读进去，读到文中的情境中去，读到字里行间的味道中去，脑海中要有画面感的呈现。低年段的教材，一般都配有图画，随着年段的提升，配图逐渐减少。因此，要善于充分利用课文插图组织教学，而没有配图的课文，要引导学生在脑海中呈现鲜活的画面。"摩诘之诗，诗中有画"，尤其是古诗文教学，要像王维的诗一样，引导学生还原时代背景，在丰富的想象中浮现曼妙的画面，体悟艺术的美境。

写，思情。写，要思考是否表达自己的真情实感，所谓"情动而辞发"。引导孩子随时随地写点东西，小观察、小感受、小触动、小收获、小意外等都可入笔，不要等到习作练习时才写，不要等到作文比赛时才写。"我手写我心"，写无非是通过书面文字来表达自己的想法和情感，来描述自己的所见、所闻、所思、所感、所悟。

（四）活化文本，点燃学生思维的火把

语文是非常有意思、有情趣的人文学科，本应该是学生最喜欢的学科之一。可由于大量繁琐的分析、碎片化的解读、重复机械的书面作业等各种因素，语文学科少了活力、缺了生机。因此，我们有必要从"去情境、去过程、去成长经历"的机

械割裂走向"情境性、叙事性、形象化、活动化"的画面感教学。于是，我引进了戏剧教学的理念，在课堂教学中充分调动学生的眼、耳、手、脚、口、鼻等各种器官，让学生全感官参与、全身心投入，带动学生进入情境、放飞想象，感受和表演片段，让文本活化，点燃学生思维的火把。

在教学《搭石》一课时，为引导学生理解"假如遇上老人来走搭石，年轻人总要伏下身子背老人过去，人们把这看成理所当然的事"这句话，师生即兴表演背老人走搭石的情境，在表演过程中，体会"伏"要做到腰弯到双手差不多接地，脸色温和恭敬，言辞诚诚恳恳，做到恭恭敬敬弯下身子、安安全全把老人送过小溪。在动态展现过程中，引导学生感受乡亲们纯朴的乡情和人性之美。

在教学《狐狸分奶酪》一课时，有位老师试教了几次，总觉得学生不配合、效果不理想。其时老师在呈现奶酪环节时，竟将塑料泡沫当作奶酪带进了课堂，缺乏真实感。于是我亲自做了尝试，上课伊始，我问学生："我是谁？"学生齐答："校长！"我随机从讲台下取出狐狸头饰戴上，又问："我到底是谁？""狐狸！"学生哈哈大笑。我接着问："我是一只怎样的狐狸？"学生七嘴八舌说开了。"我究竟是一只怎样的狐狸呢？一起读读课文就知道了！"就这样，在简单的情境性追问和互动中，将学生兴趣盎然地带入了课文的学习中。在与学生互动展示狐狸分奶酪的过程中，我可是真吃奶酪而不是塑料泡沫，真实再现了狐狸及小熊的神态、动作、心理以及趣味的对话。而在讨论回答"假如你是小熊，你会怎么做"这个问题时，有学生竟然回答本不应该分，捡到的奶酪应交给黑猫警长，也就不会被狡猾的狐狸骗了。可见，一旦激活了学生的思维，一旦学生真实参与了课堂，学生就会带给你意外的惊喜。

总之，优秀的小学语文教师要让知识灵动鲜活起来，让知识转化为见识、转化为智慧、转化为美德、转化为思考力，让知识融进孩子的生命长河成为源头活水。一言以蔽之，教师要成为点火者而非灭火者，要让学生那思维的火把燃烧起来。

（本文曾以记者访谈形式发表于：《内蒙古教育》，2018年第11期，题名：《点燃学生思维——广东省佛山市禅城区南庄镇中心小学校长曾中文访谈侧记》）

阅读教学"导—带—练"模式

"自读"强调的是学生在自我阅读的过程中逐步自能阅读，自读能力在小学语文阅读教学中显得尤为重要。而养成自读能力的主要途径是课堂教学，主要凭借的是阅读教材。就目前人民教育出版社出版编排的阅读教材来看，各单元都安排了3~4篇课文，我们以单元整体教学和知识迁移为指导思想，以培养学生自读能力为突破口，构建了"导—带—练"的阅读教学模式，即"导好一篇课文、带好二篇课文、练好其他课文"，收到了良好的教学效果。

一、构建"导—带—练"阅读教学模式

导好一篇课文，体现自读能力习得的训练程序，是自读能力的初步形成，也是带好二篇课文的基础和前提；带好二篇课文，体现自读能力的迁移，是自读能力的进一步形成，也是对导好一篇课文中形成的自读能力的巩固和强化，同时是练好其他课文的中枢桥梁；练好其他课文，体现自读能力的进一步迁移，是自读能力的最后形成与运用，也是检查经过"导""带"后学生自读能力是否形成和提高的标志。"导—带—练"模式的关系如图1-1所示。

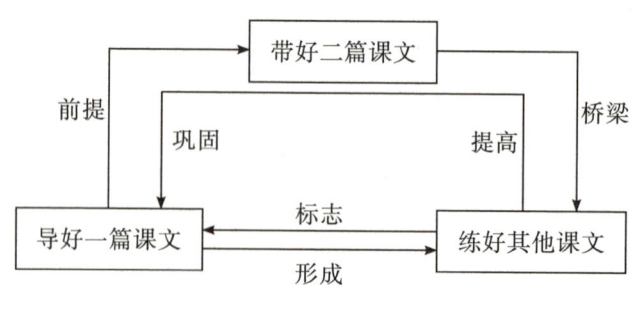

图1-1 "导—带—练"模式关系图

二、运用"导—带—练"模式,培养学生的自读能力

(一)导好一篇课文

导好一篇课文,即以一篇课文为蓝本,教师通过认真钻研教材,掌握教学目的和教学要求,科学地安排听、说、读、写的训练,以教师的导体现教师的教,积极引导学生认识问题、思考问题、归纳小结,让学生掌握每个知识类型的学习方法和规律,懂得举一反三、触类旁通,形成自我学习的能力。

要导好一篇课文,首先要体现一个"实"字。一是切实,就是切合实际,教学目标、课堂结构和教学方法应切合学生实际和教材实际,依纲扣本进行字、词、句、段、篇和听、说、读、写的训练,既不拔高,也不降低。二是扎实,就是课堂教学步骤、教学方法要扎到深处、落到实处,训练方法不扎花架子,使得学生实实在在地学到知识,能力实实在在地得到训练。三是朴实,这是针对教学风格而言,朴实的教风要求教学思想要实际,教学方法要实用,教学结果有实效。

其次,要体现自读能力训练的层次性,要坚持"教师为主导、学生为主体、训练为主线"的基本原则。我们在教学实践中总结出一篇课文的能力型课堂教学结构如下:①纵向联系的大层次,即"整体引入—部分深究—整体认识"的整体结构,注重能力训练的整体性;②纵向联系的小层次,即"出示问题找段落—默读朗读找词句—分析问题求答案—把握知识巧练习"的四步小结构,注重能力训练的程序性。自读能力训练的层次结构导图如图1-2所示。

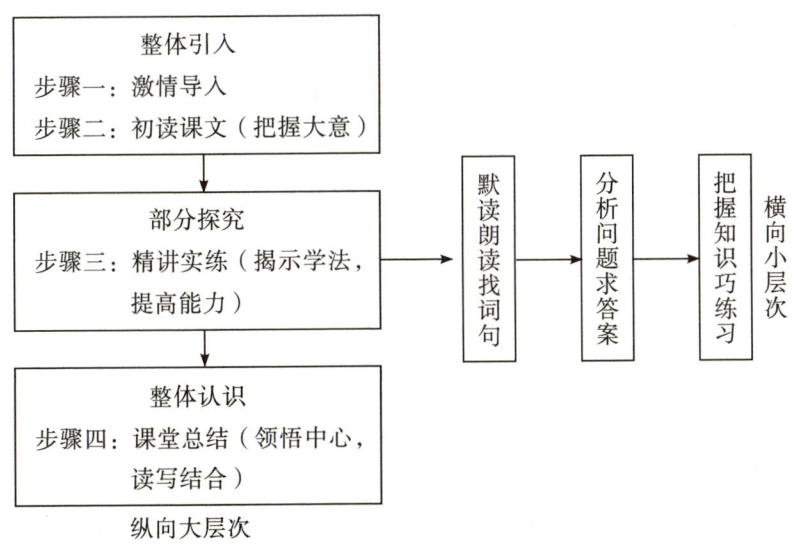

图1-2 自读能力训练的层次结构导图

（二）带好二篇课文

带好二篇课文，是让学生在教师的指导下通过自学、思考、讨论、练习、评价等形式来掌握知识，培养能力，发展智力。教师根据课后习题及课文字、词、句、段、篇的要求，设计适当的听、说、读、写训练（如编一份完整的阅读题），让学生先做，老师再作适当的辅导，重点检查学生能否在老师指导下运用一类课文所掌握的知识和方法自我学习，提高能力。

要带好二篇课文，首先要体现一个"精"字。一是教师的讲解要精，应抓住重点，有粗有细，如面面俱到就变得重点不突出，反而不利于学生能力的提高。课文有些段落、句群学生能读懂就行，老师只需抓住重点、难句，引导学生细读巧练。叶圣陶曾说过："教师引导学生用心阅读，宜揣摩何处为学生所不易领会，即于其处提出问题，令学生思之，思之而不得，则为讲明之。"二是练习的设计要精，至于怎样才算精，这在课后习题中已得到充分体现，以课后习题为骨架设计训练题，就有利于抓住重点、难点。

其次，要体现"三多""四原则""五步骤"。"三多"，即"学生自学机会多、思维训练多、实践运用多"。"四原则"，指"先导后学"，教师先引出要解决的问题，激起学生自学探求的欲望；"边学边练"让学生阅读思考，并根据设计的练习题进行联系；"边练边议"，在联系过程中采用两人或四人小组的形式共同商议，讨论正确的结论；"先练后评"，在基本完成练习题后，老师针对疑点、难点适当讲评，或引导学生予以评价总结，启发学生领悟知识规律，并适时联系实际渗透思想教育。"五步骤"，就是"导、学、练、议、评"。"三多""四原则""五步骤"关系图如下图所示。

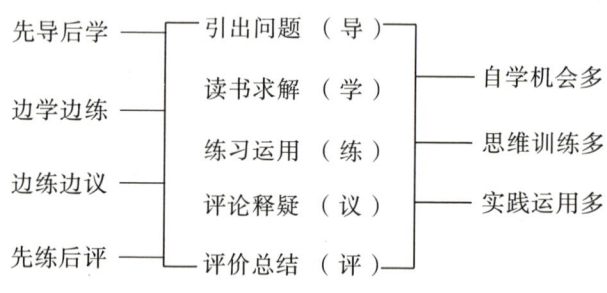

图1-3　"三多""四原则""五步骤"关系图

（三）练好其他课文

老师把独立阅读课编成一份阅读题，让学生自己独立完成，检查"一导、二带"后能力的再现，也检验老师在一篇课文中是否真正做到教为主导、学为主体、练为主线，以学生能力的提高情况反馈出教学效果，达到培养学生自读能力的目的。

学生自读能力的形成与提高,不是一朝一夕的功夫。这其中既有教师正确科学的学法指导和能力的训练程序,也有学生自身的努力和实践,很显然,学生的努力与实践在整个教学过程中要占中心位置。"导—带—练"的阅读教学模式正是以学生为中心,以教师的导来体现教师的教,以学生的练来体现知识的迁移,体现学生自读能力的形成与提高。因此,"导—带—练"的阅读教学模式既有利于培养学生的自读能力,又有利于培养学生的学习主动性和创造精神,较好地落实了精讲的策略。

(本文发表于:《现代中小学教育》,1999年第4期,总第62期,有修改)

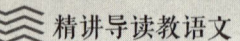精讲导读教语文

从诗文中寻找教育的智慧

在日新月异、忙碌迷茫的时代,怎样教育孩子常令人困惑。目前有一种"剧场效应"绑架下的教育怪象:虽然国家层面一再倡导减负,但现实中却一直减不下来;学校减负了,家长却给孩子增负,周末给孩子上奥数等各种文化类的补习班,只是为了考上所谓的优质民办学校。于是,一方面校内减负,另一方面校外培训机构却火爆异常。如何化解人们的集体焦虑,还教育一个健康良好的"序"?也许从优美诗文中可以找到教育的智慧。

爱

没有爱就没有教育。读读杨万里的《小池》:"泉眼无声惜细流,树阴照水爱晴柔。小荷才露尖尖角,早有蜻蜓立上头。"此诗宛若弹奏一首爱的协奏曲:一个泉眼、一道细流、一池树阴、几支小小的荷叶、一只小小的蜻蜓,构成一幅生动的小池风物图,表现了大自然中万物之间亲密和谐的关系。好学校正如一方池塘,当营造了一定的环境,大自然就会往里面填东西,生态系统就会自然形成。当学校教育成了适合生命成长的一方"池塘","惜""爱"自然流露,学习就会自然发生,这是自然的力量,也是文化的力量,更是爱的力量。

看

苏轼在观赏庐山时,写了一首千古名诗《题西林壁》:"横看成岭侧成峰,远近高低各不同。不识庐山真面目,只缘身在此山中。"只有从不同角度看庐山,只有跳出庐山看庐山,才能真正领略到庐山的秀丽美景。

无独有偶,一个教师常年在富士山脚下任教,看惯了这座山峰的奇崛与雄伟,

后来,他转到山的另一侧去任教,竟无比惊讶地发现富士山的山腰有一个很大的缺口。这位老师将自己的发现讲给这里的学生听,学生们听了也十分惊讶,他们说:天哪,我们原先看到不带缺口的富士山风光图片,还以为那是经过了某种特别的装饰——我们根本不知道,在我们眼睛看不到的山的另一面,它果真是不存在缺口的呀!这件事给这位老师强烈的心灵震动。他想,身为一个教师,是多么容易犯"仅仅看到富士山一个侧面"的错误啊。认定一个孩子好,就以为他永远与错误无缘;觉得一个孩子差,就不相信他有能力去营造一种完美。每一个教师,都有必要围绕着无形的"富士山"游走一圈,认识它的全貌,然后告诉自己——我看到了富士山的缺口,我更看到了富士山的雄伟与奇崛……

多角度、多侧面地看待事物,方能识得"庐山真面目"。看物如此,看人何尝不是这样?唯有全面客观、用发展的眼光去看一个人,才能深入地了解人、深刻地认识人、科学地教育人。

润

教育是需要适时而教的。"好雨知时节,当春乃发生。"时机不到,将知识硬塞给孩子,往往会适得其反。教育是需要"润"的,任何苍白的说教都会显得生硬而令人反感,即所谓"随风潜入夜,润物细无声"。如一个人的成长并非一帆风顺,会面对"野径云俱黑"的困境,唯有如"江船火独明"一般,让孩子的心头之火燃烧。每个孩子都有追求美好生活的向往,每个孩子都有积极向上的愿望,每个孩子都有无限发展的可能,理应细心呵护孩子的率真,燃起孩子心头的智慧之火、创新之火。当点燃了孩子心中的梦想,当有了好的载体——"风",当有了如春雨般的优秀经典、美好的行为示范、和谐的人文氛围,孩子就会在潜移默化中得到滋养、受到熏陶和影响,就会迎来"花重锦官城"的美好盛景。因此,最好的教育应当是"润物细无声"式的教育。

慢

教育需要从"忙、盲、茫"中解脱出来,多一些从容,多一些对规律和秩序的遵从。著名诗人木心的《从前慢》这样写道:"记得早先少年时,大家诚诚恳恳,说一句,是一句。清早上火车站,长街黑暗无行人,卖豆浆的小店冒着热气。从前的日色变得慢,车、马、邮件都慢。一生只够爱一个人。从前的锁也好看,钥匙精美有样子;你锁了,人家就懂了。"如果没有丰富的敏感性和情感体验,诗人是难以呈现如此优美的意境的。木心诗中的"慢",对昔日情怀的留恋和珍惜,目前似乎一去不复返了，一切变得那么直接、简单和粗糙。当孩子锁了"心锁"，向老师关闭了心门，老师还能感受得到吗？孩子的心如露珠一样晶莹剔透，需要细心地呵护。当师者想孩子之所想，虑孩子之所求，感孩子之所觉，导孩子之所困，"不愤不启、不悱不发"，才有可能激发孩子自我觉醒，打开心门，让阳光照进来，开启自主成长的精神之旅。正如雅斯贝尔斯所说："教育的本质意味着：一棵树摇动另一棵树，一朵云推动另一朵云，一个灵魂唤醒另一个灵魂。"而这，需要我们拥有慢的心态和智慧。慢即舒缓、耐心、从容，即对节奏的维系，对秩序的遵守，对人性的尊重。

闲

人的精神成长是马拉松式的漫长的历程，而丰富细腻的心灵也是需要靠闲来滋养的。"人闲桂花落，夜静春山空。月出惊山鸟，时鸣春涧中。"王维如诗如画的"鸟鸣涧"美境只有在人"闲"时才能感受得到。"闲"的繁体字"閒"，就是倚靠在门边看月亮的意思，这是很悠闲的心态、很唯美的画面。因此，教育是需要适当地浪费时间的，需要给予孩子发呆的空闲。给点时间，给点空闲，让孩子奔跑在野地里，静坐在山顶上，感受大自然的脉搏，融入大自然的怀抱，聆听内心的召唤，这也许是目前教育的奢望。

行

细读南宋诗人陆游的《冬夜读书示子聿》："古人学问无遗力，少壮工夫老始成。纸上得来终觉浅，绝知此事要躬行"，我们发觉，学习首先不是一件容易的事情，不可能靠投机取巧得来，只有下苦功夫、下笨功夫，不遗余力，才能一步一个脚印地成长。其次，纸上得来的东西感受总不是很深刻。要真正弄明白其中的深意，往往需要来自于生活实践中自身的真实体验，很多东西都是自己碰过壁、吃过苦头、走过弯路，才真正明白其中的道理。只有放手让孩子自己去尝试、去试错、去走弯路，才能让孩子在学习的道路上、在吃苦受累中摸索成长。

……

"人懂得尊重自己——他不苟且，因为不苟且所以有品位；人懂得尊重别人——他不霸道，因为不霸道所以有道德；人懂得尊重自然——他不掠夺，因为不掠夺所以有永续的智能。"当我们的教育者诚如龙应台所说，保持敬畏之心，尊重自己、尊重别人、尊重自然，则可激活教育的智慧，焕发人性的光辉，点燃孩子的生命之光。

作文要先让学生"说"起来

作文始终是令学生头疼的一件事。这不仅是汉语自身规律较难把握所致，更反映我们在作文教学中的方法存在一些问题。如何有效合理地在作文课上使老师轻松教、学生轻松写，成了教育界人士关注的话题。

一说到作文，不少人往往只想到"文"，而忘记了"语"（说），只注重书面表达能力，而忽略了口头表达能力。在作文教学中，长期以来往往重写轻说，好像"说"仅仅是教师的事。即使学生"说"，也只是课堂上回答老师的提问，作文教学俨然成了"哑巴作文"。其实，作文就是教学生说话和写话，要学会作文，就要学会说话和写话。凡是写作能力强的人，大都说话能力也强；凡是说话能力强的人，写作能力也不会差。从某种意义上说，"说"是作文能力的基础。

这里的"说"是指教师要在课内外、校内外通过多种途径来培养学生的说话能力，即口语交际能力，使学生能够出口成章。作文若能先让学生充分地、主动积极地、兴趣盎然地"说"起来，若能以"说"——口语表达的训练为起点和突破口，则可以使作文成为学生轻松而又充满乐趣的事情，可以切实提高小学生自能作文的能力，也可带动其他语文能力的训练与提高。

一、"说"的必要性

"说"是人们交流思想和感情的重要工具。在当今信息高度发达的社会中，如何迅捷地相互交流思想、传递信息、互通情报，"说"越来越显示其重要的作用。《语文课程标准》将原大纲中的"听话·说话"修改为"口语交际"。人民教育出版社小学语文教材也从第一册开始，把原语文园地中的"听话·说话"内容独立出来，修改为"口语交际"，作为一大部分教学内容安排。这当然不只是名称的改变，而是体现了对"说"在认识上的发展和要求上的提高，具有深广的内涵和重要的现实意义。可见，"说"的名称演变和内涵的深化是时代的呼唤，是社会口语交际实

际的需要。"说"这一最基本、最便捷的交际工具,更经常地担负起了每个人社会交际的效率甚至成败的关键,较强的"说"的能力也成为每个社会人适应现代社会交际最基本的能力需求。

听、说、读、写四大能力构成了语文能力系统。四种能力既各有区别又互相联系。而流畅自如地表达自己的意见以及认真而耐心地倾听别人的观点,不仅是作文能力乃至语文能力最重要的体现,也是一个人社会生活顺利与否的重要标志。"说"在语文能力系统中发挥着重要的作用。其一,"说可促思"。口语表达是思维活动最直接、最迅速的反映,口语训练本身就是最好的思维训练。通过口语训练,不仅能有效地训练学生思维的条理性、准确性、灵活性,而且能增大思维训练的密度,提高其效率。其二,"说可练听"。说与听一般总是同时相随,有人说往往必有人听,而且说话人也要通过监听自己说话去获得反馈信息以不断调整自己的语言表达。其三,"说可带读"。"说"的遣词造句和谋篇布局更多的是从阅读中吸取营养,没有良好的阅读基础是不可能说好的,而加强口语训练可以促进学生进行课外阅读。其四,"说可助写"。"说"与"写"的关系更是密切。"写"之前的"说",能为作文开拓思维、理清思路、启发构思;"写"之后的"说",能使作文去粗取精、雕饰润色、流畅优美。可以说,口语训练为写作进行了有效的铺垫,是写作的助跑线。由此看来,作文教学必须坚持由"说"到"写"的顺序,遵循由易到难的原则。只有说时言之有物、言之有序,写的时候才能做到内容具体、层次分明、有条有理。

总之,"说"是现代社会的需要,是作文能力的基础,是语文能力系统中的桥梁,所以作文有必要先让学生"说"起来,培养学生出口成章的能力,从而为写文打下良好的基础。

二、"说"的训练途径

(一)构建"在境中说"的口语训练的课堂教学模式

"在境中说"指的是在课堂教学中创设一种和谐民主的语境和模拟生活的情境,让学生在境中想说、会说、大胆说、乐说、善说。

此模式注重训练的层次性:按"言之有物→言之有序→言之有理→言之有情"逐步展开。又注重"说"与"写"有机结合:一般是先说后写,或先写后说,或先说后写再说。还应注重生活情境的创设:要求在引入、指导、练说、小结、评议等各个环节创设和谐生动的模拟社会生活的情境,调动师生的生活经历和体验,挖掘学生的生活积累和知识积累,使学生把所学所识与所见所闻、酸甜苦辣、喜怒哀乐结合起来,体验生活的丰富性、多面性,同时也把知识运用到生活中去。此模式分为五个环节:生活情境引入→重点片段指导→小组练说训练→综合小结评议→写后交流再议。

1. 生活情境引入

教师可用角色扮演、游戏活动、语言描绘、图画表现、实物展示、生活展现等方法为学生创设或模拟生活的情境,充分调动学生的眼视、耳闻、鼻嗅、舌舔、肤触、心应等六觉功能,使学生在浓厚的生活氛围中得到陶冶、体验和理解生命的价值和意义,产生较强的"想说""大胆说""喜欢说"的兴趣。同时,教师要想方设法鼓励各类学生勇敢地说,不论说多少句、说得怎样,只要愿说就行。在说中充分肯定优点,合理指出存在的不足,巧妙地多给学生"戴高帽子"。

2. 重点片段指导

围绕一个重点片段让学生用不同的语言进行口述,说得不够时指导他们重说,多让其他同学纠正,反复练说,进一步激发学生说话的欲望,保证口头作文的质量。在口述一段内容时,力求做到有内容、有中心、有层次、语句流畅优美。在此过程中,教师既要加强个别指导,照顾中下生,由讲得不太多到讲得多;又要及时反馈,鼓励学生评价,各抒己见;还要融入教师的情感、体验和创造力,充分调动自己的情感经验和情感表现力,以情激情,以心换心,使学生如沐春风、如润春雨,进入一种富有情感意味的口语交际情境。

3. 小组练说训练

教师组织、指导、调控小组交往,学生以合作方式参与小组的口语交际活动,发表、交流意见,畅所欲言,相互启发,讨论、争论、辩论,无所不论,从而使"说"的形式丰富,说话内容的深度和广度得到拓展和延伸。

4. 综合小结评议

由各组选派代表进行口头作文的汇报,学生认真评议,教师及时反馈、相机点拨,使学生能围绕一定中心,具体、生动、形象、逼真地描述事物或事件,能从几个方面说出观察所见、观中所想,并能简单地评论事物。

5. 写后交流再议

当学生在口头作文的基础上完成作文后,先让同学互相交流传阅,再选取全班学生中较典型的作文让学生当众朗读自己的作文,其他学生与老师一起从遣词造句、布局谋篇、立意选材等方面进行评议。

(二)构建"在做中说"的课外口语训练模式

"在做中说"强调的是引导学生在丰富多彩的课外活动中、在广泛的社会实践中自主地"说",培养学生积极主动地"做"、大大方方地"说"的积极情感和较强的口语交际能力,从而为写作打下坚实的基础。

陶行知先生曾明确指出:"教学做是一件事,不是三件事。我们要在做上教,在做上学。在做上教的是先生,在做上学的是学生,从先生对学生的关系说,做便是教;从学生对先生的关系说,做便是学。先生拿做来教,乃是真教;学生拿做来学,方是真学。不在做上用工夫,教固不成教,学也不成学。"新课标中要求我们:

"充分利用现实生活中的语文教育资源，优化语文学习环境，努力构建课内外联系、校内外沟通、学科间融合的语文教育体系。开展丰富多彩的语文实践活动，拓宽语文学习内容、形式与渠道，使学生在广阔的空间里学语文、用语文，丰富知识，提高能力"。所以，要克服知与行脱节、学与用分离的弊端，让学生顺利实现学习迁移，则必须树立大作文教学观，加强说与做的联系，努力把作文课堂向课外、向生活实践迁移，让学生"在做中说"。

要让学生积极主动地在做中说，需有效运用以下策略。

策略一：学校或班级组织的课外活动与学生生活及社会现实紧密结合。每一次活动尽可能贴近学生生活实际、拉近与家庭的距离、密切联系社会现象和实际，甚至可以说要"多创设模拟社会情境"，让学生在丰富多彩的活动中"说"，在活动后"说"。

策略二：开展广泛的社会实践活动，构建"自主—创新"的课题研究模式。模式包括"收集资料→课题表述→开展研究→结题答辩"四个环节，让学生在课题研究前、中、后等阶段进行充分的"说"的训练。

①收集资料。根据学生自己关心的某一问题收集各种资料，研究人们对这一问题的看法。

②课题表述。引导学生根据研究资料后的看法，结合自己的爱好、兴趣、特长或社会热点来发现新的问题，提出新的研究课题，并对自己的课题从选题原因、选题目的、课题含义等方面进行当众口头表述。

③开展研究。课题一旦确立，学生就要根据研究课题制订研究计划，进行第二次资料采集。学生采集资料的方法包括采访、调查、上网、到书店或图书馆、实地考察、实验等，学校老师、父母家人、亲戚朋友、各类社会人士等都可成为学生获取资料的信息源和开展研究的指导者。

④结题答辩。课题完成的形式多样，它可以是一篇研究论文，论文不限字数，能写多少就写多少，可以图文并茂，关键要能在观察、采集、思考、积累的基础上表达自己的观点；也可以是一份调查报告、一件模型、一块展板、一本研究笔记，还可以是一项活动设计的方案。课题结题后，学生要当众进行课题成果汇报，并开展由老师和其他同学质疑问难的即兴答辩活动。

课题研究的关键在于让学生通过自主参与类似于科学研究的学习活动，获得亲身体验，逐步形成善于质疑、敢于探索和创新、勤于动手和求知的积极态度，产生积极情感，激发他们乐于说话和交际的强烈欲望，培养较强的口语交际能力，从而为学生的习作训练扎下坚实的基础。

综上所述，在当今日新月异的信息时代，"说"越来越显示出其重要作用，在小学作文教学改革中，"说"的重要作用更是不言而喻。因此，我呼吁——作文要先让学生"说"起来。

（本文发表于：《师道·教研》，2010年4月30日，4B第110期）

向繁琐分析说再见

——我这样教《杨氏之子》

目前,小学语文教学"少、慢、费、差"的状况还未得到根本性的改观,很多课堂仍然存在繁琐分析、耗费时间、效率不佳的现象,可以说,堵不住繁琐分析的路子,就难以迈开语文教学改革的步子。为了探寻一条回归语文教学本真的路子,我引导教师们回归儿童学习语文的规律,遵循儿童语言学习的特点,积极探索"向繁琐分析说再见"的有效阅读教学策略,大兴读书之风,推行经典诵读。

俗话说:"喊破嗓子,不如做出样子。"作为校长,我经过准备,尝试执教了《杨氏之子》[①]这篇课文,朴实扎实的教学风格、简洁明快的教学流程和书声琅琅的课堂效果,给老师们带来了极大的震撼。以下是我的教学过程整理及反思。

一、教学过程实录

(一)环节一:导入激趣

师:同学们,为了让大家深入地认识我,我先做个自我介绍。(出示幻灯片。)敝姓曾,名中文,铁军小学一教书匠是也。一介书生,身无长物,唯有书墙一堵,诗文百篇。好读书,一书在手,手不释卷。好驴行,足遍中原,尽览群峰。好乒乓,屡战屡败,亦屡败屡战,人称"常败先生"。常怀凌云之志,恒念忧教之心,欲"得天下英才而教育之",乃平生之愿也!

师:从刚才的介绍中,你了解到了我的什么信息?

生:我知道您喜欢读书……

生:我知道您还是打乒乓球的"常败先生",(生笑。)但还是坚持战下去……

师:像这类的语言就是文言,用这样的语言组成的文章叫作文言文。下面让我

[①] 此文是人民教育出版社新课标小学语文五年级下册第三组第10课课文,选自刘义庆的《世说新语》。

们进一步认识文言文。（出示幻灯片，生读。）

"文言文"是指"美好的语言文章"，也叫语体文。文言文源远流长，有着几千年的历史，它承载着中华民族厚重的文化，是汉语书面语言的源头。古人因为书写、印刷工具的限制，书面上的语言越简短越好，这就形成了与白话分离的文言文，并成为书面语的主流。五四运动以后，贴近口语的白话文，经过前辈们的大力提倡，才成为书面语的主流。当代的白话文，仍然包含着大量的文言语素，例如这个单元的综合性练习中的"不乏""善于""加以"。因此，要正确而且熟练地理解和运用白话文，必须具备一定的文言文基础。

（设计意图："万事开头难"，《杨氏之子》是小学阶段的第一篇文言文。因此，有必要让学生对文言文有个基本的认识，同时通过自我介绍来激发孩子学习文言文的兴趣。）

（二）环节二：释题抄书

师：同学们，今天让我们一起来学习一篇文言文，课题是——

生：《杨氏之子》。

（师板书，生在写字本上写。）

师："氏"和"子"分别是什么意思？谁知道课题的意思？

生："氏"是"姓氏"的意思，"子"是"儿子"的意思，题目是"杨家的儿子"的意思。

师："子"，古时候指儿女，现代专指儿子。题目可以理解为"杨家的孩子"。题目中的"之"与我们学过的古诗《黄鹤楼送孟浩然之广陵》中的"之"意思一样吗？

生：不一样。前者是"的"的意思，后者是"到……去……"的意思。

师：很好。有人说，抄书一遍，胜过读书十遍。接下来，让我们在轻松的音乐声中共同抄写课文。

（播放轻缓的古典音乐，教师在黑板上一笔一画、工工整整地范写课文，学生在写字本上安安静静地抄写课文。在抄写过程中提示生字"梁、惠、诣、乃、曰、禽"等字的字形、结构，以及"诣 yì、为 wèi、应 yìng"的读音。

设计意图：曾几何时，小学语文教学"抄书"的优良传统被我们抛弃了，或者曲解了："抄书"成了"惩罚"的代名词。事实上，在课堂上抄书，既可以引导学生规范写字、培养学生静心写字的习惯，又可以使学生在抄写中整体感悟文章内容。而要指导学生写好字，老师的示范书写是必不可少的。）

（三）环节三：熟读成诵

师：同学们写得很认真，下面让我们自由读一读。（生自读。）读完的同学可以多读几遍,找找读文言文的感觉。(指名读,检查读书情况。师相机指导:注意速度稍慢、适当停顿,并重点指导部分句子的朗读。随机在黑板上的文句中标上停顿节号:梁国/杨氏子/九岁,甚聪惠。孔君平/诣/其父,父/不在,乃/呼儿出。为/设果,果/有杨梅。孔/指/以示儿/曰:"此/是君家果。"儿/应声答曰:"未闻/孔雀/是夫子家禽。")

师:同学们读得很好,老师也想读一读。(师配上合适的音乐范读,随后学生配上音乐个别读、整体读。)

师:刚才同学们读了十多遍了,这么短的文章,我想有的同学可以背诵了。谁愿意试一试背诵?(部分学生当堂背诵,老师示范背诵。)

(设计意图:所谓书读百遍,其义自见。阅读教学第一要义是读,第二还是读,第三仍然是读。白话文教学需要读,文言文教学更需要反复地读。文章读通顺了,文章的大概意思也就基本理解了。)

(四)环节四:读懂设疑

师:既然同学们读得很流利,我相信你们还能读懂。下面就请大家参考注释,理解每个句子。有不懂的地方,在旁边做个记号,等会来交流。(生读书自学。)

(生逐句交流,后引导整体说意思。渗透指导小结理解方法:多读、参考注释、联系上下文、扩词连句等。)

生:在梁国,有一户姓杨的人家,家里有个九岁的孩子,他非常聪明。有一天,孔君平来拜见他的父亲,恰巧他父亲不在家,孔君平就把这个孩子叫了出来。孩子给孔君平端来了水果,其中有杨梅。孔君平指着杨梅给孩子看,并说:"这是你家的水果。"孩子马上回答说:"我可没听说孔雀是先生您家的鸟。"

师:同学们说得很好,那么,你认为杨氏之子的回答妙在哪里?

生:(稍作思考后)杨氏子姓杨,杨梅的第一个字也是杨。所以,孔君平就拿杨梅和孩子的姓氏来开玩笑。而杨氏之子也反应很快,拿孔君平的姓氏和孔雀来开玩笑。

师:是啊,杨氏子的确很聪明。虽然杨氏子用了"未闻"两个字,反驳的语气缓和了很多,但是老师总觉得有点遗憾。因为孔君平是客人,杨氏子是主人,这样的待客之道似乎不太妥当。我想将文中的"甚聪惠"改为"甚知礼",你们想想,杨氏子应该怎样回答?

生:……(迷惑状。)

师:我说说大概意思,你们用文言文来回答——是啊是啊,这果很甜,请您多尝尝。

生:是也是也, (师纠正应为"然也然也"。)此果甚甜,请君多品尝。

（生笑。）

生：（生做邀请状）先生所言极是，请尝之。（生大笑。）

……

（设计意图：这篇文言文虽然只有55个字，但如果要进行详细的分析，一节课都可能讲不完。我遵循"好读书，不求甚解"的原则，只要求学生能大致地说出文言文的意思就可以了，没有做过多的分析。同时，通过对文本的修改和结尾的补充，增加文本阅读的趣味性，渗透"敢于向文本挑战"的思想，引导学生向权威挑战、向课本质疑。）

（五）环节五：导读拓展

师：刚才我们主要通过读读议议、参考注释的方法理解了文言文，我相信，同学们一定可以理解好下面这篇《徐氏之子》的文言文。（出示幻灯片。）

徐孺（rú）子①年九岁，尝②月下戏③，人语之④曰："若令⑤月中无物，当极⑥明邪（yé）⑦？"徐曰："不然。譬（pì）如人眼中有瞳（tóng）子⑧，无此必不明。"

注释：①孺子：小孩。②尝：曾经。③戏：玩。④之：他。⑤令：让。⑥极：更加。⑦邪：语气词，相当于"呀"。⑧瞳子：眼中的瞳仁。

生：（结合注释自读理解，并简要说意思。）徐家有个九岁的孩子，曾有一次在月亮地里玩耍。有人对他说："如果让月亮里什么也没有，是不是应该更加明亮呀？"徐家的孩子说："不对。比方人眼中有瞳仁，没有瞳仁就看不见了。"

师：同学们理解得很好。曾有人这样谈学语文的感受，一怕文言文，二怕写作文，三怕周作人。其实，文言文并不可怕，刚才我们不是很轻松地学习了两篇文言文吗？《世说新语》这本小说中还有很多类似的文章，希望同学们去查阅分享。最后，我希望同学们：学好文言文，做个真正的文化人！下课！

（设计意图："精讲导读"是本环节设计的主要意图。作为阅读教学，我一直倡导"精讲导读"，只有将教材精讲了，才能有更多的时间引导学生大量地阅读课外读物。如果仅仅守住课本中30多篇文章的阅读量，对学生语文素养的提升来说是远远不够的。）

二、反思

《杨氏之子》这篇文言文的课后问题有三个，分别是："1. 参考注释，理解每个句子，再流利地朗读课文。2. 你认为杨氏之子的回答妙在哪里？和同学们交流阅读心得。3. 背诵课文。"我在执教时，基本遵循课后问题来引导学生学习课文，用一个课时来学习，收到了较好的教学效果。我认为，要真正做到"向繁琐分析说

再见",必须实现以下几个方面的转变:

一是从以字、词、句、段、篇为抓手,转变为以听、说、读、写、思为抓手,而且要以读书为主。要读"书",必要时才用电子屏幕产品,读书时要拉开窗帘,还原教室的明亮。

二是从深挖关键词、重点句进行理性分析,转变为按照课文后的练习题进行实践性的活动,并从中得到感悟,受到熏陶,因为课后问题反映了编者的意图、单元的侧重点以及文本的主旨。

三是从教师活动为主、少数学生配合,转变为在教师的引导下让全班学生都开口、都动脑、都动手。

四是从只言片语的师问生答,转变为有准备地系统回答课后的思考题。

五是从课内不足课外补,转变为不设预习、不留课外书面作业,全部学习活动在堂上完成。

六是从教学过程刻板化,转变为根据学生群体的学习动态随机调整教学手段和教学时间。

七是从教师只管讲道理,转变为强调教师处处起示范作用,示范书写、示范背诵,尤其是范读课文,并参与全班学生的讨论。

(本文发表于:《广东教学》,2016年1月16日,第2492期)

课堂教学呼唤人文精神的回归

现在的课堂教学缺少什么？缺少"人文精神"！用一句通俗的话表达，就是漠视"以人为本"，压制个性发展。

作为老师，上课前都有好的心情吗？不一定。人是感情动物，谁会没有喜怒哀乐？人是一个复杂的社会人，谁会没有一本难念的经？那么，老师有没有将不好的心情带进过课堂？应该有吧！老师能否将不好的心情带进课堂呢？不能，不但不能，反而应克制自己的情绪，调整好自己的心态，精神饱满地面对学生。上课前老师一般都想些什么？想着怎样万般无奈地应付完一节课？想着怎样悲哀地面对一群令自己束手无策的学生？想着你的学生是怎样难教、是多么令人费解？想着你的学生都是不开口的"哑巴"，都是行为怪异、随便讲话、不听指挥、不好调教的学生……不管怎么想，但不能不想想学生的心情。想一想学生的心情，有助于老师调整教态和教法，上好每一节课。

上课时，老师应关注学生的什么？是关注学生的服服帖帖、唯唯诺诺？还是关注学生表面的热闹、虚假的兴奋？都不是，老师应更多地关注学生的经验和兴趣，关注每一个学生的个性发展，关注与学生之间的情感交流、心灵相通。无论学生问得偏或奇，无论学生答得对或错，老师应尽量少回以责备的语气或严厉的目光，多给予赞赏、激励的评价。如果学生生活在责备、训斥当中，则会日益消沉；如果学生生活在赞赏、肯定当中，则会日益自信坚强。

有这么一个例子：一个团队中选出一人扮演领导角色，他的台词只有一句，要充满激情地说："太棒了！还有呢？"其余的人扮演员工，台词是："如果……有多好！"主题词是"马桶"。游戏开始，一阵习惯性的沉默之后，有人开口："如果马桶不用冲水，又没有臭味有多好！""领导"马上一拍大腿："太棒了！还有呢？"另一个"员工"说："如果在马桶上也不影响工作和娱乐有多好！""领导"一伸大拇指："太棒了！还有呢？""如果小孩在床上也能上马桶有多好！"……最后讨论的结果是，有三种马桶可以尝试生产并投入市场：一种是能够自行处理，并能把废物转化成小体积密封肥料的马桶；一种是带书架或耳机的马桶；再有一种是带多个"终端"的马桶，即小孩、老人都可以在床上方便，废物可以通过"网络"传到"主"马桶里。

由此可以得出启示：在一个充满鼓励、没有压抑的环境里，更容易激发人的创造力。我们的课堂教学何尝不奢求这样的环境呢？而现实课堂中最常见也最可怕的是，一"发散"就"收敛"，当学生发出"如果……有多好"的声音时，老师往往会用"不行"或"不可能"来回应。现实中，数学终归是一堆乏味的公式符号，语文就是字、词、句、段、篇，音乐等于视唱，美术等于绘图……忽略了对孩子个性的充分发展和人格的培养，要求孩子通过严格而激烈的竞争保持较高的学习质量，更严重的是把孩子学习质量的变化视为孩子人格培养和健康成长的过程与结果；对学生来说，面对在学习上的严格要求，面对日益严格的标准化考试制度，每天的学习过程成了冰冷的科学知识的灌输，每天必须面对浩如烟海、题型复杂的选择题和判断题，会造成自我主体性的丧失。

杜威曾说："教学不仅仅是一种告诉，更不是一种简单的告诉，更多的是引导学生在情境中去经历、去体验、去感悟，自己去学习。"学生能自学的最高境界是源自于学生浓厚的学习兴趣，学生的兴趣源自于教师能否非常巧妙地创设一种真实、自然的情境。而这种情境的创设除了有赖于教师将课程与儿童的生活、自然、社会科学结合的课程意识外，更有赖于教师放下架子，走下讲台，抛开权威意识，弯下腰与学生说话，蹲下来看孩子，打开心灵的窗户与孩子进行交流。有赖于教师具有生命的激情，在课堂上敢哭敢笑，不要封闭自己的感情，用自己的本色来上课，用平常心来上好每一节课。课堂教学拒绝舞台化、表演化，提倡教学生活化。

那么，上课时，学生会关注什么呢？有这么一个说法：现在的中小学生关注的是老师和爸爸妈妈的脸色，好比一群关在野生动物园里的野生动物，失去了野性和活力。如果学生不关注自己独特的体验和感受，不关注大自然的色彩，而学会关注成人的脸色，学会迎合老师的心态，变成被动填装知识的容器和接受教训、听话的"驯服工具"，只会变得平庸、卑琐、谨慎和盲从，失去主动创造的动力。

今天，我们的课堂教学呼唤人文精神的回归。我们应坚决摒弃的是漠视个性、专制权威、冷漠无情、被动发展的假教育；我们需要的是充分尊重个性、宽松民主、融洽和谐、主动发展的真正教育。

（本文发表于：《佛山日报》，1998 年）

构建开放的语文课堂模式

小学语文课堂教学应彻底扭转"传授—接受"的填鸭式教学，由封闭式走向开放式，构建开放的语文课堂模式。这种模式具有以下特点：

其一，教学时间开放。教师应将有限的40分钟时间尽可能多地开放给学生，改变单单是老师讲、学生听的局面，还学生自主学习的时间，让学生在教师的指导下充分自读、自悟、自学、自得。

其二，教学空间开放。老师与学生、学生与学生之间应构成一个多维互动的交际空间，启发式、讨论式、小组合作式等教学形式的灵活采用，马蹄形、丁字形、圆桌形等学生座位的巧妙编排，都将有利于教学空间的开放、语文实践活动的开展和思维火花的迸发。

其三，教学内容开放。语文是教育资源最丰富、与现实生活联系最密切的一门学科，现实生活中蕴藏着取之不尽的语文教育资源。因此，在进行课文教学时，不应局限于课本内容，而应适当引进相关材料，作为教学内容的补充，引导学生积极投身语文实践，培养语文能力。

其四，教学心态开放。学生的心态是开放的，他们自由而不觉得压抑，可以无拘无束地表达自己的见解，可以理直气壮地反驳别人的观点，可以公正客观地自评、互评和反馈；老师的心态是开放的，老师的权威意识荡然无存，敢于让学生充分展示他们的智慧。师生的激情相互碰撞，相互融合，有助于形成充满活力、富有个性的课堂教学氛围。

其五，思维训练开放。教师应重视对学生进行开放性的思维训练，不轻率地否定学生的见解和观点。让学生敢于向教师、向课本、向权威、向标准答案、向同学挑战，在不断的挑战中，学生思维的敏捷性、条理性和深刻性可得到充分锻炼，学生的创造意识可得到激发、创造精神可得到发挥。

在"一课二上三讨论"中提升课改能力

衡量教师是否转变了教学观念、领会了课程改革的新理念，最终还要看课堂教学。只有抓住了课堂教学这个主渠道，才能扎实有效地推进基础教育课程改革的进程。我校（佛山市澜石小学）通过多次的课堂教学实践和研究，找到了提高教师实施新课程能力的生长点和突破口，即"一课二上三讨论"。

一、概念解析

"一课二上三讨论"，指同一堂课要上两次，讨论三次。先组织教师集体讨论备课，由一位老师承担上课，集体参与听课；再针对上课的情况开展讨论活动，改进教学步骤和方法，然后再请这位教师第二次上课（前后两次执教的老师也可以是不同人）；最后对两次上课的情况进行分析比较，找出一些规律，指导以后的教学，同时对教案和课堂教学实录进行整理和改进，形成优秀案例。整个过程循序渐进，每一位教师都参与其中，每一位教师都是活动的设计者与实践者。他们提供原有经验，又获得新经验，在反复思考中不断提高自身实施新课程的能力和水平。

二、具体操作

"一课二上三讨论"这种教法的基本操作程序如下。第一次讨论：执教者说课、小组评议、完善设计→第一次上课→第二次讨论：执教者谈得失、集体评议、汇总改进→第二次上课→第三次讨论：执教者谈得失、评议总结、更新理念、形成案例。其中"二上"是关键，"三讨论"是保证。同一老师或者不同老师在前后两次上同一堂课的过程中，一些固有的旧习惯得到了改变，观念得到了更新，思路得到了拓展，教学能力和水平得到了锻炼和提高。当然，允许同一个老师上同一堂课，但是，不可能同一个班的学生两次学习相同的内容，于是就产生了"教师当学生"的模拟课堂教学——由上课老师根据学生的实际按上课的程序组织教学，其他老师扮演学生上课。在上课过程中，由于教师扮演的"学生"对上课教师无所顾忌，教师与"学生"之间充分地平等交流，教师没有了高高在上的权威意识，反而将听课的"学生"当成了老师。如果能真正将"学生是老师"这个理念带进真实的课堂中，那么，教学一定会充满生命的活力，教师一定会不断迸发出智慧的火花。

三、落实讨论

为了让每一次讨论落到实处，需要从以下几个方面努力。首先，要保证教师有资格参与讨论。这种资格不一定是同学科的老师、不一定是经验丰富的专家，只要老师肯花时间熟悉该学科的课程标准、了解该堂课的教学目标和重点难点，并善于捕捉课堂教学过程中的动态资源，就有资格来参与讨论。因此，应该鼓励不同学科的老师参与听课与讨论。

其次，需要营造讨论的民主氛围。在操作中，有时会出现讨论不起来的现象。究其原因，一是有的讨论主持人以势压人、以权威自居，容不得别人提出不同的意见；二是有的老师怕说错了丢面子，或者怕说错了得罪人；三是有的听课老师对教学内容不熟悉，把握不了当堂课的重点难点，更不用说该学科的课程标准了，因此也就很难畅所欲言。应该营造平等民主、直抒胸臆的讨论氛围，坚持"优点不提跑不了，缺点不提得不了"的原则，让每一位老师充分发表意见，提倡"从鸡蛋里面挑骨头"。惟其如此，讨论才能淋漓尽致，思维的火花才能不断迸现。

再次，要保证讨论的效果，提升讨论的层次，需要专家的引领。专家的参与能够避免简单重复的讨论、拓宽讨论的广度，专家能从理论的高度对课例进行剖析，带给老师全新的视角。

最后，讨论要形成经验，产生新的问题，引导教师持久地关注和跟踪某一个问题，并逐步使问题课题化，开展更深入的研究和实践，引导教师的教学能力实现螺旋式提升。

（本文发表于：《中国教育报》，2004年12月21日，第8版"教改擂台"）

第二篇
精讲五方

一、大问题引领

针对费时低效的教学，笔者提出了"以课文后的练习题为骨架组织教学"的建议，即减少零星琐碎的小问题，通过大问题来引导课文学习。因为课后练习题体现了整个学期语文训练的序列，体现了课文的重点、难点。操作上不难掌握，课文后的练习题一般第一题是读的训练，一定要认真落实题目的具体要求，要舍得花时间。第二、第三题一般是思考题，不要把它拆得太零碎，要完整地提出问题，要求学生进行阅读、思考，然后系统作答。学生答问，不要答对即止，可以让一批学生人人都说，看谁说得更好，互相评一评，让所有学生都得到阅读、思考和系统表述的训练。

本节以《真理诞生于一百个问号之后》《伯牙绝弦》两篇课文的教学设计作为示范。

《真理诞生于一百个问号之后》教学设计

《真理诞生于一百个问号之后》是人民教育出版社小学六年级语文下册第五单元"科学精神"专题的精读课文,是继《为人民服务》之后的第二篇议论文。文章题目也是课文的主要观点,课文用三个具体事例论述了只要善于观察、不断发问、不断解决疑问,锲而不舍地追根求源,就能在现实生活中发现真理。学习此文,一是让学生了解科学发现的一般规律——真理诞生于一百个问号之后,从中感受、领悟到见微知著、独立思考、锲而不舍、不断探索的科学精神;二是学习课文用具体典型的事例说明观点的写作方法,了解议论文的形式。

因此,针对本文的文体特点,聚焦"课题是什么意思?文中是怎样通过具体事例来说明这个观点的"这个大问题,让学生既层层深入地理解"真理诞生于一百个问号之后"的含义,又能初步了解议论文的文体特点,并尝试运用。

一、默读全文,整体感知

首先老师板书课题,提醒学生"诞"字第六笔是"乚"(竖折),要求学生默读课文,简单完成填空:课文围绕课题讲了＿＿＿＿、＿＿＿＿、＿＿＿＿这三个事例。拓展理解"司空见惯"一词的来源,补充学习唐代诗人刘禹锡的诗文:"高髻云鬟宫样妆,春风一曲杜韦娘。司空见惯浑闲事,断尽江南刺史肠。"

二、读文找句,破解课题

思考:课题是什么意思?课文是怎样通过三个具体事例来说明主旨的?要求学生自读,从文中找出句子解释课题,并出示课文内容:

第二自然段:纵观千百年来的科学技术发展史,那些定理、定律、学说的发现者、创立者,差不多都善于从细小的、司空见惯的现象中看出问题,不断发问,不断解决疑问,追根求源,最后把"?"拉直变成"!",找到了真理。

第七自然段第二句：只要你见微知著，善于发问并不断探索，那么，当你解答了若干个问号之后，就能发现真理。

接着朗读、对比交谈，设问：找出这两个句子的相同之处。相机板书：发现问题、琢磨问题、解决问题。板书设计如图2-1所示。回到三个事例中，让学生针对三个关键词结合表2-1分别说一说：三个事例中分别发现了什么问题？他们是怎么琢磨研究的？问题解决后得到的真理分别是什么？并通过朗读对比，发现其中的共性：发现问题要敏感，琢磨问题要反复——也就是"一百次"，真理终于被发现——很难得！

```
19 真理诞生于一百个问号之后
发现问题    琢磨问题    解决问题
（敏感）    （反复）    （真理）
```

图2-1 课文板书设计

表2-1 思维导图分析表

事例	发现问题（？）	琢磨问题（？→！）	解决问题（！）
洗澡水的漩涡			
紫罗兰的变色			
睡觉时眼珠的转动			

小结：这两个句子就是对课题《真理诞生于一百个问号之后》最好的解释。这一百个问号其实是一系列的过程，即是从发现问题到琢磨问题、不断发问、不断探索、解决问题的过程。

三、删减比较，深悟课题

通过对三个事例的删减比较，深入理解课题，解读科学精神，并思考以下问题揣摩作者的写作手法：这三个事例的顺序能否打乱？这三个事例能否换掉？能否删掉？

小结：三个事例中，顺序可以调换，事例也可以更换（并尝试引导学生用其他科学事例来代替，例如牛顿发现万有引力定律），但是不能删去其中的一个或两个事例，因为一次是偶然，两次是巧合，三次就是必然，因此顺序可以调整，但数量不可减少。"真理诞生于一百个问号之后"是作者的观点，他须选择三个事例来论证。随后强调用具体事实说明道理的写法：提出观点→事例论证→总结观点。

在打乱顺序的时候要关注表述事例之间的词语连接，这是关注语言表达形式的训练。第一个事例的首句是"洗澡是一件非常普通的事情，而美国麻省理工学院机械工程系的谢皮罗教授却敏锐地注意到……"，第二个事例的开头是"无独有偶"，第三个事例的首句是"最有趣的是一位奥地利医生……"。如果要打乱顺序，则首句的表述方式要改变，不可能一开始就写"无独有偶"，以此引导学生关注段与段之间句子的连接。

四、读写结合，熟悉文体

让学生仿照课文的写法写一段话，用具体事实说明一个观点，比如"功夫不负有心人"或"虚心使人进步，骄傲使人落后"。

例如，指导"功夫不负有心人"的写作时，可指导学生根据下列步骤进行写作。先引导理解观点："功夫不负有心人"的意思是，只要你用心努力，就会有所成就。再明确三个事例：可写自己亲身经历的事情、在生活中了解的发生在别人身上的事例、所知道的名人故事。同时引导"三个事例重点抓住什么来写"：可以抓"功夫"，具体写下的功夫有多大，付出的努力有多大；还可以抓"有心"，具体写遇到困难怎样动脑想办法，甚至冥思苦想、绞尽脑汁。最后，引导学生总结自己的观点。

《伯牙绝弦》教学设计

一、教学目标确定的依据

1. 教材分析

（1）教学内容所处单元的知识结构分析

本文是人民教育出版社小学语文第11册第八单元课文，该单元的主题是"感受艺术的魅力"。作为单元的开篇课文，要引导学生感受文中所表达出的音乐艺术的魅力。本文是一篇文言文，主要讲述了春秋时期楚国俞伯牙与钟子期高山流水遇知音的故事。全文共77个字，表达了朋友之间真知己的思想境界，成为千古佳话。正是这个故事，确立了中华民族高尚人际关系与友情的标准，它是东方文化的瑰宝。因此，本课的学习将充分利用学生已具备学习了几十首古诗词的认知基础，引导他们继续学习文言文，加深对文言文学习方法的掌握，激发学习兴趣，为以后的学习奠定基础。

（2）教学内容的教育价值分析

文言文在汉语言文字的学习中具有异常重要的地位。本课教学内容的教育价值表现在：第一，有助于认识祖国的历史文化。《语文新课标》在总目标中提出小学生要认识"中华文化的丰厚博大，吸收民族文化意识"。学习文言文，正是学生接触中华传统文化的起点。第二，有助于提高人文素养。文言文作品语言简练、气韵生动、文采斐然，流淌着深沉的家国情怀、真挚的亲情主题、深邃的理性思索，蕴涵着浓浓的人文精神，曾经给了我们一代又一代人以美的震撼、美的享受和心灵的洗礼。第三，有助于养成良好的阅读习惯。文言文学习的重要途径和方法首先是诵读，其次是联系注释和生活实际等来理解。文言文独特的学习方式和诵读的强调有利于学生良好阅读习惯的形成。

（3）体现教育价值的教学策略的选择和教材处理情况说明

采用融合渗透的教学策略，融古诗文的复习、文言文的学习和拓展、诗的编写于一体，注意要有层次、有结构地提问。旨在让学生掌握文言文的学习方法，激发继续学习文言文的兴趣，引导学生自觉诵读中华经典诗文。

2. 学生分析

（1）学生前在状态分析

学生个体对于所要学习内容的已有经验：学生已经具备了几十首古诗词的知识基础，曾在五年级下学期学过一篇《杨氏之子》，初步了解了文言文的学习方法；该班整体学习习惯良好，读书氛围浓。但个体差异仍然存在：接受能力和思维水平较弱的有几位学生；学习习惯不好的有几位学生；思维活跃的有几位学生；勤奋踏实的有几位学生；见解独特的有几位学生。

（2）学生潜在状态分析

①学生个体对于将要学习的内容的各种可能与困难障碍分析。学生可能存在以下几种情况：一是畏难心理，觉得文言文难读难懂；二是不能很好地按文言文的节奏读通读顺课文；三是对个别字词的理解不到位，导致难以较好地理解课文内容和把握课文思想；四是学生已有的生活经历难以理解"知音"的真正内涵。

②学生发展的需要和对学生可能达到的发展水平的估计。学习文言文是打好精神和文化底子的需要，是了解祖国文化的需要。只要从学生对文言文的好奇心和已具备的知识基础入手，消除学生的畏难情绪，降低难度，学生完全有可能学好本文。

二、教学的具体目标

1. 复习关于友情的古诗词，引导学生自觉积累中华经典诗文。

2. 引导学生继续掌握学习文言文的方法：反复诵读、读出节奏、古今联系、结合注释等。

3. 引导学生能用自己的话讲这个故事，并能背诵课文。

4. 引导学生展开联想和想象，感受知音之间互相理解、互相欣赏的纯真友情。

三、教学过程的设计

本文的教学过程包括导入、推进、延伸三个环节，每个环节中的教师活动、学生活动及设计意图说明如表2-2所示。

表2-2 《伯牙绝弦》教学过程设计

教学环节	教师活动	学生活动	设计意图
开放式的导入	1. 组织常规积累活动（导入课题）	诵读关于朋友的古诗词	依托学生已有的知识基础，激发学生兴趣，也为"知音"的理解做铺垫
	2. 教师提出大问题：学好文言文有哪些好的方法？ （根据学生的回答，老师概括读的方法：反复诵读、注意节奏、放慢速度；理解的方法：结合注释、古今联系）	学生可能从怎样读、怎样理解两个方面来谈，可能谈得比较零散	消除学习文言文的畏难心理，形成学习文言文的结构性知识
核心过程推进	核心问题域的生成与展开		
	1. 第一放：初读理解。 怎样朗读和理解？	自读、个别读、结合注释说大意	掌握学习文言文的方法：反复诵读、放慢速度、读出节奏，结合注释和联系上下文及生活实际来理解大意
	2. 第一收：检测朗读、练说大意。 通过教师范读指导和出示节奏符号引导学生读好；在学生说的基础上出示直译译文	出示节奏符号练读。参考直译译文自由说	
	3. 第二放：初品知音。 伯牙为何绝弦？（追问：从哪看出他们是知音？从哪看出伯牙善鼓、子期善听？）	学生交流	指导朗读时，展开联想和想象，师生融入文中角色，形成了"知音"式的对话交流。文言语言如同己出，吟诵如吐心语，阅读也就融入了生命的律动，师生在互动中成了"知音"
	4. 第二收：情境拓展、品读感受。 拓展"善鼓、善听"的内涵（补充"善鼓"的资料和两人相遇的情境）；引导学生感受两人遇知音前后的情感变化；引导学生通过品读感受两人互相理解、互相欣赏的纯真友情	练说类似"峨峨泰山、洋洋江河"的词语；理解"六马仰秣"的古文内容；读出情感	
	5. 第三放：深悟知音。 引读"善鼓、善听"，当伯牙得知子期去世后的心情怎样？他怎样做	练读课文前四句；说说子期失去知音后情感的变化和做法	让学生在反复诵读中读出韵味，深悟"知音"，感受古文的魅力，达到"其词若出吾之口，其情若生吾之心"的境界
	6. 第三收：伯牙"赴约"、体验悲痛。 补充"赴约"情境、拓展伯牙的悼诗。深入感受痛失知音后的悲痛	伴乐朗读子期的诗	

续上表

教学环节	教师活动	学生活动	设计意图
开放式的延伸	总结提升与内容延伸		
	1. 引导完成以小诗形式呈现的板书。品味文字的准确表达，板书内容如图2-2所示； 2. 诵读全文； 3. 作业：（1）背诵课文，说大意； （2）阅读伯牙与子期的故事	完成"破琴绝弦____知音"的填空练习；朗读师生共同编写的小诗；诵读全文	小诗式板书由师生共同编写，勾画出文本的基本要义。利于学生理解课文，也利于激发学生学文言文的兴趣，把对传统文化的吸收变成自觉行为

25　伯牙绝弦

精妙绝伦觅友朋

高山流水相知深

悲痛欲绝失知己

破琴绝弦谢知音

图2-2　《伯牙绝弦》小诗板书

四、教学感悟

　　本课的教学设计体现了"用朴实扎实的课育主动发展的人"的教育理念。有效的课堂教学的基本特征应是风格朴实，训练扎实，凸显一个"实"字；应将促进学生的主动发展作为学科价值取向，凸显一个"活"字。有效的课堂教学应是"实"与"活"的课堂，是"互动生成"的课堂。"实"的对立面的是虚、浮，"实"要求摒弃花拳绣腿、花里胡哨和繁杂的课件等一味追求形式主义的教学，而追求的是扎扎实实地夯实基础，实实在在地让学生获得实质性的发展。"活"的对立面是死、僵，"活"要求摒弃满堂灌、满堂问、放羊式等忽视学生主动获取的教学，还学生主动学习的"时间、空间、工具、提问权和评议权"，追求的是"多向互动、动态生成"的课堂，让学生获得生动性发展。

　　本课教学力求在课堂上凸显一个"实"字，选择了"伯牙为什么绝弦"这个主问题贯穿全课，通过故事情节的牵引让这篇文言文充满了浓浓的情愫，巧妙地把学生的情感激发出来，学生理解了伯牙的情感，并相机理解了知音的内涵。本课让人感受到扑面而来的中国文化的风韵，再加上课外资料的多次引入，使课堂历史感和文化气息浓厚。课堂三放三收，显示出独特的完整性。

　　（本课先后在佛山三水中心小学、佛山市第九小学、首次广佛同城网上同课异构交流等场合进行展示）

二、一个词贯穿

按杨再隋教授的说法,语文课要"消肿""减肥""瘦身",化繁为简。因此,在课堂教学的过程中,笔者探索运用一个词贯穿课堂始终,既撑起文章的骨架,又体现文章的神韵,以少胜多、以简驭繁。这里的一个"词",可以是一个词、一个句子,一个字或者一种情感线索等。如果将一篇文章比作一串美丽项链的话,那么这个"词"就是项链的"串",通过这个"串"整体感悟、上挂下联、前后融通、回归整体,引导学生在文中走一个来回。比如执教《秋天的怀念》一课,抓住"苦"字进行设计,深究作者的写作意图:史铁生在作品《我与地坛》中说自己的母亲注定是活得最苦的母亲,母亲究竟苦在何处?可结合《秋天的怀念》里具体的语句来品析。母亲为什么活得这么"苦"?是因为爱啊!爱是母亲所有行为的出发点和归宿,母亲在苦苦地爱着自己的儿子。母亲的苦的本质是爱,母亲爱的呈现形式为苦,以"苦"字为线索来展开教学,学生兴趣盎然、情意浓浓。

本节以《自己的花是让别人看的》《守株待兔》两篇课文的教学设计作为示范。

《自己的花是让别人看的》教学设计

课文《自己的花是让别人看的》是国学大师季羡林先生讲述1935年他在德国求学时的亲身经历,描绘了德国家家户户花团锦簇、姹紫嫣红的情境,1980年他故地重游,触景生情,道出了"人人为我,我为人人"的哲理。文章为学生打开了一扇了解异国文化的窗口,展现了奇特的德国风情。通过学习,一方面要引导学生了解德国的一些民族风情,积累优美语言;另一方面要让学生在语言训练中受到美的哲理教育。因此,本文教学我聚焦一个"美"字,让学生说美、寻美、悟美、抒美,在读、议、评、练中感受异域风情,注重积累背诵、联系生活理解"人人为我,我为人人"的人生境界。

一、说"美"

板书"美"字谈感受,并随机导入课题疑问:自己的花是让别人看的,这是一种怎样的景色?自己种的花为什么要给别人看?让学生带着问题自读课文,引导运用"脊梁、花团锦簇、姹紫嫣红、应接不暇、颇、耐人寻味"等词概括全文,"在德国,自己的花是让别人看的。人们在屋里,只能看到花的脊梁;走在街上,看到家家户户的窗台上花团锦簇、姹紫嫣红,让人应接不暇,这种人人为我、我为人人的境界是颇耐人寻味的",把书写指导与抓关键词概括相结合,引导学生整体感知课文。

二、寻"美"

让学生默读课文,画出花美的句子并品读,如"走过任何一条街,抬头向上看,家家户户的窗子前都是花团锦簇、姹紫嫣红。许多窗子连接在一起,汇成了一个花的海洋,让我们看的人如入山阴道上,应接不暇"。再通过丰富想象、配乐朗读和以诗歌的形式呈现原文,将学生带到花的海洋,带入美丽的山阴道上。让学生

在反复诵读中感受奇丽景象,积累优美语言,由"花的海洋"引导理解"人人为我"的境界。

> 走过任何一条街,
> 抬头向上看,
> 家家户户的窗子前都是花团锦簇、姹紫嫣红。
> 许多窗子连接在一起,
> 汇成了一个花的海洋,
> 让我们看的人如入山阴道上,应接不暇。
> ……

三、悟"美"

通过追问"莞尔一笑"及情境对话,来理解这个奇特民族的美。当季羡林为德国人与众不同的养花方式感到奇怪时,女房东却只是莞尔一笑,说:"正是这样!"这"莞尔一笑"是怎样的笑?从中看出女房东是个怎样的人?引导学生理解女房东是一个爱花的人,而且爱花就把花的美丽和大家一起分享,这种淳朴的人生境界像花儿一样美丽自然。她的莞尔一笑,让我们看到了她的温和亲切,善于理解他人。与此同时,联系"自己的花是让别人看的、自己欣赏别人的花"这种奇丽景色以及对这种奇特民俗的初步理解,再结合发生在同学之间、邻里之间、社会之中的事情,谈对"人人为我,我为人人"的理解。紧扣"花美人更美",将朗读与领悟融通,把学生领进鲜花盛开的美景,领进"人人为我,我为人人"的境界。

以下为"人人为我,我为人人"的片段教学。

师:德国人人爱花,却人人都将花最美的一面给别人看,这种做法令人感到奇特、感到惊叹。从他们的做法中你看出了什么?

生:人人为我,我为人人。

师:能说说你对这句话的理解吗?

生:每个人心中都有他人,有社会责任感,要用实际行动为大众着想,为社会尽到自己的义务。如人人都这么想这么做,必然会换来"人人为我"。

师:我们身边有这样的例子吗?

生:同学轮流值日就是这样的,每个人值日时都是尽心地为别人服务;反过来,别人值日,也是尽心为我们服务。

生:同学们每人带课外书到班上建立图书角,既给别人提供了书,而别人也为你提供了书阅读……

生:在社会上也是如此,无论你干哪一行,你总是在某一个方面为别人服务;而在许多方面,你都在接受别人为你服务。

师：是呀，只要我们做到"我为人人"，那必然换来"人人为我"。

……

四、抒"美"

读写结合，引导学生联系生活实际和个人感受，写下美的事情和景物，抒发美的感受并相机点评。

本课板书如图2–3所示。

今天的孩子也许还不太懂，但是季羡林这位长者一定会在他们的心灵树起一道丰碑——人人为我，我为人人——这种崇高的人生境界是多么令人向往！

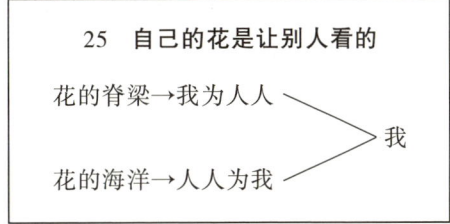

图2–3 《自己的花是让别人看的》教学板书

《守株待兔》教学设计

统编版三年级下册第5课《守株待兔》讲述了一个中国古代寓言故事：宋国有一个农夫，他守着田里的一个树桩，希望能再得到撞上树桩而死的兔子。课文旨在说明不愿付出努力，想侥幸获得意外成功是行不通的。课文是文言文，原文如下："宋人有耕者。田中有株。兔走触株，折颈而死。因释其耒而守株，冀复得兔。兔不可复得，而身为宋国笑。"本文摘自《韩非子·五蠹》，寥寥数语，39个字就把故事及议论写得清清楚楚。它与"阅读链接"的《南辕北辙》一起，既为学生进一步学习寓言提供了范本，又为"快乐读书吧"阅读《中国古代寓言》做了铺垫。

这是小学生在学习《司马光》之后接触的第二篇文言文，怎样让课上得有情趣，让学生喜欢小古文？针对这节课，我抓住文章最后一个"笑"字，引导学生思考：笑什么？怎样笑？为什么笑？通过导读（读通读顺，然后读懂、熟读并达到诵读的目的）、导法（启发学生运用借助注释、结合图画、联系上下文等理解古文的基本方法，借助拓展的绘本图画来辅助背诵）、导趣（看图猜寓言游戏、适当想象补白、角色扮演对话）等三"导"，引导学生在情趣盎然中读古文、诵古文、演古文，较好地理解寓意。

一、为何笑？——引导学生读通、诵读

首先，让学生看图猜寓言故事（出示"狐假虎威、刻舟求剑、朝三暮四"等寓意的图片），导入课文。为什么耕者"身为宋国笑"？引导学生读通小古文，把握故事的基本内容，了解笑的缘由。指导学生读出节奏：宋人/有/耕者。田中/有/株。兔/走/触株，折颈/而死。因/释/其耒/而/守株，冀/复得/兔。兔/不可/复得，而/身/为/宋国笑。进行开火车、男女生轮读、赛读等多形式朗读，使学生熟读成诵。

在此基础上，配合拓展四幅绘图（图2-4），辅助学生背诵古文。

图2-4 《守株待兔》寓言图

二、笑什么？——引导学生读懂、演读

引导学生归纳学小古文的基本方法：结合注释、参考图画、查阅工具书、联系上下文、联系生活等，并让学生选择适合自己的学法来理解古文大意，在自学的基础上与同桌交流。在交流评价的基础上对比理解古今文之异同——文言文是有魔力的，一个字能读成很多个字，一句话能读成很多句话，而且有些字的意思跟现在大不相同。

在理解的基础上，扮演农夫、树桩、兔子、宋国人等角色，尝试表演故事情节，其中重点想象"因释其耒而守株"的情境，结合文中插图观察农夫的表情和动作，猜猜他当时会怎么想？（补白想象。）

带领学生串起来互动演读：兔走触株，折颈而死。侥幸得到了一只兔子，农夫——（生读）因释其耒而守株，冀复得兔。一天过去了，农夫——（生读）因释其耒而守株，冀复得兔。一个星期过去了，这农夫还是——（生读）因释其耒而守株，冀复得兔。一个月过去了，半年过去了，这时农夫的庄稼全都枯死了，他依然——（生读）因释其耒而守株，冀复得兔。然而，农夫什么也没等到，他等来的结果却是——（生读）兔不可复得，而身为宋国笑。

通过以上的演读，理解宋国人取笑农夫的是"释其耒而守株，冀复得兔"，他丢掉了自己最本分的东西，即"释其耒"，而寄希望于靠碰运气过日子。

三、怎么笑？——引导学生悟读、活读

宋国人是怎么取笑农夫的？假如时光穿梭回古代，你们会怎么劝农夫？能不能用什么道理来劝劝农夫？（相机板书，板书如图2-5所示。）

现实生活中这么傻的种田人是不多的，但是类似的种田人却很多。比如，表哥偶尔买彩票，居然中了十万元，从此他不再工作了，天天去买彩票，希望能再中

奖。又比如，小明参加数学考试，发现考试题都是在补习班做过的，因此考了满分，得到老师表扬。这让他认为不听课也能取得好成绩。请大家用今天学到的道理来劝劝这两位"现代种田人"！

在理解寓意、联系生活的同时，拓展阅读《南辕北辙》，并互动交流：《南辕北辙》中的坐车人错在哪里？尝试阅读《揠苗助长》小古文，把读懂的寓意跟同学交流。最后，推荐阅读《中国古代寓言》。

> 19 守株待兔
>
> 勿侥幸
> 别想不劳而获
> ……
> 不做守株待兔的农夫，要做踏踏实实的耕者。

图 2-5 《守株待兔》教学板书

三、戏剧化教学

　　戏剧化教学是一种场景化教法，通过创设情景让学生参与其中，强调互动性和主动参与性，运用传统戏剧技巧、即兴表演、角色扮演等引导学生在假设的日常生活情景使用中学习语言。戏剧化教学的主要方式有：①夸张表演。可采用夸张的肢体动作、语言和反复性行为吸引注意。②角色扮演或场景游戏。让学生在基本了解课文之后进行角色扮演，或随机设计可让学生参与的场景游戏。③片段表演。根据学生所掌握知识的情况，选取文中的重点语段、关键词句，或能引发想象、激发灵感、深化情感的空白点组织表演，让学生在灵动的语文实践活动中学习语言。

　　本节以《搭石》《幸福是什么》两篇课文的教学设计作为示范。

 精讲导读教语文

感受人性之美

——《搭石》教学设计

《搭石》是人民教育出版社小学语文第七册的一篇课文。本课通过对"搭石"这一乡间平凡事物的描写,选用了"摆放搭石、调整搭石、集体过搭石、对面过搭石、老少过搭石"五个场景来体现乡亲们纯朴的爱,歌颂了其默默奉献的精神。

本课我尝试运用戏剧化教学,聚焦一个"美"字,围绕"搭石,构成了家乡一道美丽的风景"这一中心句,紧扣中心,想象画面,感知课文,让学生在情境对话和即兴表演中感知乡亲们摆搭石、走搭石的一幕幕情境。带领孩子们在初读中整体感知美,在情景表演中领悟美,在生活实际中践行美,让孩子在浓浓的读书实践中感受人性之美。

一、初读课文,感知美

引导学生自读课文,读顺课文。思考:什么是搭石?读完课文,你有什么感受或疑惑?师生在此基础上展开情境对话交流。部分课堂实录如下。

片段一:课本当"搭石"

师:文中哪句话描写搭石?

生:进入秋天,天气变凉,家乡的人们根据水的深浅,从河的两岸找来一些平整方正的石头,按照二尺左右的间隔,在小溪里横着摆上一排,让人们从上面踏过,这就是搭石。

师:请再读读这个句子,看看哪个词给你的感受最深?

生:"平整方正",这个词说明家乡人为了方便大家走路,找石头也很用心。

师:可见并不是随便找一些石头都可做搭石,除"平整方正"外,还有吗?

生:说明家乡人对做搭石的石头要求很高。

师:是啊,只有这样才能做好搭石。还有哪个词给你的感触最深?

生:"按照二尺左右的间隔",就是说搭石之间的间隔不能太大也不能太小。

师:二尺啊,不到一米,你发现了什么?

生:石头的间隔太大了,人会掉到水里,人也跨不过去。

师:哎呦,家乡的人们考虑得多周到啊!

生:还要考虑水的深浅。如果不这样的话,人一不小心也会掉进水里去的。

师:是啊。水的深浅就决定了石头的——

生:大小。

师:是的,看到那个"摆"字了吗?在小溪里横着摆上一排,可不是随随便便放上一排。这样吧,让我们的课本暂时当一回搭石。来,拿起书来,放在那;再拿起来,摆在那,有什么不同?(学生随机动手摆放课本。)

生:"放"很随便,"摆"要找准位置。

师:"摆"要找准位置,多么细心的家乡人啊!

生:如果是"放"的话,不可能就变成了横的一排,什么样的形状都会有,这样家乡人走路就会很不方便。

师:没错,家乡人考虑得特别的周到。同学们,寥寥数语,不仅告诉我们什么是搭石,还让我们有了这么多的体会。所以这不起眼的搭石,在作者眼中是——

生:搭石,构成了家乡的一道美丽的风景。

师:再看看课题。此刻你还觉得这只是些冷冰冰的石头吗?

生:家乡的搭石,联系着家乡人的情感。

师:是情感,还有吗?

生:每当人们走在搭石上,会感谢摆搭石的人。

师:没错。这些都是温暖之石,还有——

生:摆搭石,构成了家乡的一道风景,让我们感受到了美好的友情。

师:友情之石,温暖之石,情感之石。此时此刻,如果有人说家乡的风景很美,你一定会大声地告诉他——

生:搭石很美,走搭石的人更美!

片段二:追问"脱鞋绾裤"

师:同学们,这篇文章处处让我们感受到美,有些美眼睛可以看到,而有些美就藏在字里行间,需要我们用心去发现。让我们继续去感受这温暖人心的搭石。

生:每年汛期,山洪暴发,溪水猛涨。山洪过后,人们出工、收工、赶集、访友,来来去去,必须脱鞋绾裤。

师:原来山洪过后,人们出工必须——

生:脱鞋绾裤。

师：收工必须——

生：脱鞋绾裤。

师：赶集必须——

生：脱鞋绾裤。

师：访友必须——

生：脱鞋绾裤。

师：来来去去都必须——

生：脱鞋绾裤。

师：一次又一次地脱鞋绾裤，你感受到了什么？

生：如果没有搭石，人们从溪水上过去会非常困难。

生：家乡人对搭石的美好期待。

师：从"脱鞋绾裤"这个词，我们感受到家乡人过小溪时，特别不方便，但是，现在有了搭石，你的感受呢？

生：家乡的人们非常需要搭石，搭石给家乡的人们带来了方便。

师：是的，搭石在家乡人的生活当中很重要。同学们，一个"脱鞋绾裤"就让我们有了这么多的体会，多好啊，课文就应该这样读，就应该这样品。

二、情景表演，领悟美

引导学生再读课文，自由寻美，表演悟美。出示课后问题："课文许多地方都使我们感受到美，有看得见的具体的美，也有看不见的心灵的美；让我们找出来体会体会。"师生交流互动，部分课堂实录如下。

片段一：表演悟"理所当然"

师："假如遇上老人来走搭石，年轻人总要伏下身子背老人过去，人们把这看成理所当然的事"。谁能上台跟老师一起演一下这个场景吗？

（学生走上讲台，师生友好地打招呼，分饰"老人"和"年轻人"的角色。生做"伏"的动作，弯下身子。）

师：（问大家）这样是"伏"吗？

生：（大笑）这样还不够。

（学生深深地弯下身子。）

师："伏"字是人字旁，右边一条狗，要表示"伏"的动作，就要像"犬"一样，深深地弯下。这样，老人就能轻而易举地趴在你的背上，舒舒服服、安安全全地过小溪了。"伏"还体现对老人的敬意。

师：（扶起年轻人）到了对岸，你需要老人向你道谢吗？

生：不需要。

师：为什么？

生：因为我们家乡的人都习以为常了，把这看成是理所当然的事。

师：多好的年轻人！（问另一位同学）老人没有向年轻人千恩万谢，年轻人会生气吗？

生：不会！

师：为什么？

生：因为人们把这看成是理所当然的事。

师：透过这个"伏"，一代又一代人的"理所当然"，你又体会到了什么？

生：敬老，我觉得家乡的人一代又一代都是这么做的，家乡的人十分谦让，十分淳朴。

师："如果有两个人面对面同时走到溪边，总会在第一块搭石前止步，招手示意，让对方先走，等对方过了河，俩人再说上几句家常话，才相背而行。"这也被看成理所当然的事情。

师：也就是说，这已积淀成山村淳朴的民风。景美情更美，这更是家乡的一道风景。

片段二：选演其他句段

无论上工、下工，一行人走搭石的时候，动作是那么协调有序！前面的抬起脚来，后面的紧跟上去，踏踏的声音，像轻快的音乐；清波漾漾，人影绰绰，给人画一般的美感。

提示：强调"行"的读音，理解"清波漾漾、人影绰绰"。在走搭石的时候，没有人掉进水里，也没有人被踩脚，是有人在指挥吗？没有！没有人在指挥！过搭石的人们是那么默契、那么有序，这就叫协调有序，就像文中说的："前面的——抬起脚来，后面的——紧跟上去，踏踏的声音，像轻快的音乐；清波漾漾，人影绰绰，给人画一般的美感。"这既像是一幅美丽的画，又像是一首清丽的小诗，这看得见的画面"美"和看不见的心灵"美"构成了家乡的一道风景！

上了点年岁的人，无论怎样急着赶路，只要发现哪块搭石不平稳，一定会放下带的东西，找来合适的石头搭上，再在上边踏上几个来回，直到满意了才肯离去。

提示：老人为什么要这样做？踩到不稳的搭石时，他心里会怎么想？在挑选到合适的石头满意离去时，他又会有怎样的心理、表情、动作？

三、联系实际,升华美

教师拓展出示作者写作背景材料:

我在家乡工作的十三年中,总共走了千万回搭石。

后来到了城市工作。看到了种种乱象:人们抢着挤公共汽车、无序地横穿马路、马路上有砖头或树枝,人们宁可绕着走也不肯弯腰拾起……心里便想到山里人走搭石的情景,想到山里人在雨水过后自觉摆搭石的情景,想到有人发现搭石不稳,马上退回岸上,找块好石头搭上的情景……

搭石上有新意,搭石上有美,搭石上有情。搭石展示了山里人的勤劳、热心公益、互相礼让与尊重的美德。

我们的生活中美无处不在,就像本文的作者从"搭石"这么小的事物中也可发现美。引导学生联系生活实际,谈平凡事物中的美,并用心感受、细心描写、传承生活中的美,让我们的生命更有意义。

本课的板书设计如图2-6所示。

```
21  搭石

一道美丽的风景
一处淳朴的民风
一份难忘的乡情
```

图2-6 《搭石》教学板书

《幸福是什么》戏剧化教学设计

一、课文简析及设计思路

《幸福是什么》是人民教育出版社小学语文第七册第三单元的一篇阅读课文。主要讲了三个牧童在清理老泉,砌上小井时遇到一位神奇美丽的姑娘——智慧的女儿,在她的启示下各自去弄明白幸福是什么,十年后,他们通过自己的劳动实践,明白了幸福的涵义的故事。

本课是略读课文,以演童话为线索组织教学。首先引导学生按照课文前面的阅读要求自读课文;接着学生自由组合,讨论如何演好这篇童话,分头阅读、准备;然后学生试演童话;演后交流、评价。其间,教师重点指导学生把课文中没有明确写出来、但对理解"幸福是什么"有帮助的内容演出来。最后,组织学生谈谈自己对幸福的理解。

二、童话短剧《幸福是什么》

在对课文进行分析及设计的基础上,我和学生们共同创作了本课的戏剧化表演剧本。话剧的主题、事件及人物如表2-3所示,剧本内容见下文。

表2-3 《幸福是什么》短剧的主题、事件及人物

主题	事件	主要人物
幸福是什么—出发寻找幸福—十年后相聚,悟出幸福是靠劳动来创造的	清理枯井,遇到仙女。提出"幸福是什么"的问题,并分头寻找幸福	牧童甲、牧童乙、牧童丙、仙女、老人
	旧地重遇,诉说自己的经历,明白幸福是什么	青年甲、青年乙、青年丙、仙女、老人

第一幕　老泉边

［地点：树林里，老泉边］

牧童甲：今天的太阳真猛烈，热死人啦。

牧童乙：嗯。羊儿们都吃饱了，该喝水啦。

牧童丙：对呀！我们找找，看有没有泉水或小溪。

老　人：嗨，嗨，嗨——

［这时候牧童们听到了一声声叹息，寻声而看，看到了一位对着大树叹息的老人家。］

牧童甲：老伯伯，您知道这里附近有泉水或小溪吗？

牧童乙：嗯，我们的羊渴死啦，想喝水。

牧童丙：老伯伯，您为什么在这里叹气呀？

老　人：嗨！你看这里周围的花与植物，它们都干枯了。这棵树我看着它长大，现在干枯得只剩下树干了。本来这里有一眼老泉的，由于多年没有人管理，枯枝败叶和垃圾将泉眼堵死了，已经不喷泉水啰！可惜呀！这里也没人管，变成了荒凉的野地了。凄凉啊——

［老人家自言自语地边说着边摇头离开了。］

牧童甲：嗨！可惜了！

牧童乙：我们还是走吧，到附近看看，看能否找到水源。

牧童丙：要不，我们将这口老泉清理一下，将井里的垃圾清理一下，说不定有泉水流出来呢。

牧童甲：这样，我们的羊有水喝了，周围的花草也有水喝了，大树也有水喝了。

牧童乙：嗯，太好了！一起去找些工具来将小井清理清理吧。

牧童甲、丙：好主意！

［他们转身找来锄头和铁锹到树林里去清理那口老泉，疏通泉眼，扒开堵在泉口的小树杈和烂在水里的树叶。］

牧童乙：快看！泉水冒出来了！我们再加把劲，让清泉快点流出来！

［三个牧童干得更带劲了。之后他们从附近搬来一些宽大的石板，砌成一口小井，在井台前面留了一个宽阔的出口，上面用一块大石板盖上，不让尘土落进去。他们高兴地坐在井旁，看那股清澈的泉水慢慢填满那口小井，最后从那宽阔的出口流出来。］

牧童甲：哇！泉水很清啊！

［正当三个牧童俯身往井里看时，旁边传来一个好听的声音。］

仙　女：你们好！孩子们！我可以喝你们井里的水吗？

牧童甲、丙：哇！好美哦！

牧童乙：请喝吧。我们就是为了让人喝才把井清理干净的！

[仙女优雅地弯下身，就着井口，用手捧起一捧水，喝了三口。]

仙女：我为你们三个人的健康喝了三口。[微笑、赞许地]你们做了一件好事，我感谢你们。我代表树林和在树林里居住的一切动物，代表在树林里生长的一切花草，感谢你们。祝你们幸福！

牧童乙：你祝我们幸福。请你告诉我们，幸福是什么呢？

牧童甲：哦！我知道！幸福就是可以每天吃叉烧包，嘻嘻——

牧童丙：呀！看你这吃货！怪不得你的肚子那么大！就是吃出来的，哈哈……我觉得幸福就是赚好多好多的钱。

牧童乙：瞧你这拜金主义者，眼里只有钱。我觉得幸福就是我的羊儿养得胖胖的，快点长大。这儿的花和树喝到水后都能生长起来。

[三个牧童你一句我一句地争吵不休。]

仙女：幸福这个问题，你们应当自己去弄个明白。十年以后让我们再在这个地方，在这口小井旁相见吧。假如到那时你们还不知道幸福是什么，我就告诉你们。

[说完，仙女飘然而去，可她的声音仍在回响：幸福这个问题，你们应当自己去弄个明白。十年以后让我们再在这个地方，在这口小井旁相见吧。假如到那时候你们还不知道幸福是什么，我就告诉你们……]

[牧童们诧异地互相看着，而后或低头沉思，或搔搔头发，每个人似乎都想找到答案，都嘀咕着：幸福是什么？幸福是什么……]

牧童乙：嗨！我有个办法！不如我们分头到自己愿意去的地方，去弄明白幸福是什么。我往东走。

牧童丙：我往西走。

牧童甲：我就留在村子里。也许我在这里会弄明白幸福是什么。

第二幕　十年后

[十年后，三个牧童已长大成人，成为英俊强壮、彬彬有礼的青年。]

[地点：树林里，老泉边]

青年乙：一眨眼，十年过去了。大家都相约在这里碰面的，不知道他俩有没有长得像我一样英俊潇洒呢。

青年丙：呀！这里真美。鸟语花香，绿树成荫！还有这口井，嗯，我记得它，就是以前我参与清理的那一口井。

青年甲：我在这里土生土长，这十年的变化功劳有我的一份呢，他俩到了吗？今天一定请他们吃饭，尽一下地主之谊，再带他们坐上我的专车，去参观一下我的别墅。

青年甲、乙、丙：啊！你好呀。见到你真高兴！生活得怎样？

［三个青年碰面，开心拥抱着。忽然传来粤剧的歌声，大家寻声看去，只见一位老爷爷躺在树下的摇椅上听着耳机，嘴里哼着粤剧的曲调，悠闲享受极了。］

青年丙：咦，那不是当年的老人家吗？

青年甲、乙：对，找他聊聊去！

青年乙：老爷爷，老爷爷！您还健在呀！

老　人：噢，是你们三个呀！我好着呢。政府好呀，十年里将我们村打造成了美丽乡村，这里成为远近驰名的旅游胜地。大家都过上了好日子，还特别关爱我们老年人，让我们老有所乐！我每天最开心的事，就是靠着这树乘凉，闻着花香听着鸟语，舒服极了。不聊了，我赶着去粤剧社听戏呢。再见！

青年甲、乙、丙：老伯伯再见！

青年丙：看着老人家幸福的样子真开心。

青年甲：是呀，这里变化很大，小井周围的小树苗已经长成参天的大树了，在清泉的滋润下，它们也和我们一样长大了！

青年丙：呀！这里还有小鸟的爪印，鸽子都围在井口喝水，这口小井给大家带来了多么大的好处呀！

青年乙：真想不到，我们只是做了一件这么小的事，却给别人带来了这么大的好处！

［这时候树后面传来了一个画外音：幸福这个问题，你们应当自己去弄个明白。十年以后让我们再在这个地方，在这口小井旁相见吧。假如到那时候你们还不知道幸福是什么，我就告诉你们。］

青年甲：咦？那位戴着白色花环的美丽姐姐呢，她怎么没来呀？

青年丙：既然她还没有来，不如我们先说说自己在这十年里都做了些什么吧！

青年乙：我先说吧。我们分手以后，我就到一个城市里去了，进了学校，学到了很多东西。我现在是一个医生。

青年甲、丙：那么，你弄明白幸福是什么了吗？

青年乙：弄明白了，很简单。我给病人治病，他们恢复了健康，感到多么幸福，而我为自己能够帮助别人解除痛苦而感到幸福。我现在有很多病人粉丝呢！

青年丙：我走了很多地方，做过很多事。在火车上推车仔、在轮船上当服务员，当过消防队员，做过花匠，还做过许多别的事。我勤勤恳恳地工作，我的工作对别人都是有用的。我的劳动没有白费，所以我是幸福的。

青年乙、丙：那么你呢，朋友？你留在村子里，你找到幸福了吗？

青年甲：我在村子里耕地，我是新时代农民！我开了农庄、农场，地上长出麦子来，麦子养活了许多人。我的劳动也没有白费。我也感到很幸福。

［仙女在树后悄然出现了，她还和十年前一样神秘，还是金黄色的头发和白色的花环，显得谦虚、美丽、善良。］

仙　女：小伙子们，我很高兴，你们都信守诺言，又来和我见面了。你们说的话我全听到了。你们三个人都明白了：幸福要靠劳动来创造。只要我们很好地尽自己的义务，做出对人们有益的事情，我们就会感到幸福。你们明白了这一点，我真为你们感到高兴。

青年甲、乙、丙：哇！你是谁呀？

仙　女：我是智慧的女儿。

［仙女来到小井旁，一转身就消失了，但她的声音仍在回荡："幸福要靠劳动来创造。只要你们很好地尽自己的义务，做出对人们有益的事情，你们就会感到幸福！感到幸福！幸福——幸福——"这个声音在三个年轻人的心中回荡着，三个年轻人凝望着天空，思索着并幸福着……］

［音乐响起，幕落，剧终！］

四、图表化解读

图表是一种思维的体现，通常被应用于科学、数学、信息技术等学科的教学中，直观地反映数据与结果，具有形象直观、简洁明了、概括性强等特点。在阅读教学中，笔者尝试对一些说明文及结构性强的部分课文进行图表化解读，运用一些简单的图表或思维导图，指导学生进行概括、比较、复述、背诵，让文字与直观的图表巧妙结合，文字起解释、说明作用，图形、表格起归纳、概括作用，从而产生互惠效应，激活学生兴趣，为学生提供一种思维模式，培养学生的自主学习能力。

本节以《美丽的小兴安岭》《鲁滨孙漂流记》的分享课教学设计作为示范。

《美丽的小兴安岭》教学设计

《美丽的小兴安岭》是人民教育出版社新课标教材小学语文三年级上册第六单元"壮丽的祖国山河"中的第三篇课文。文章思路清晰,段落分明,中间四段按四季顺序描绘小兴安岭的美景,每段都是先写树木,再写树木周围的景色。此文由于课文内容较浅显,学生可以大致读懂课文内容,有利于引导中年级学生感悟组段方法,落实《语文课程标准》中"积累课文中的优美词语、精彩句段"的要求。加之课文语言准确、生动,有利于培养学生的想象能力和语感。因此,本课教学重点就是探究组段规律,读通记诵美文、练好童子功。

一、初读知大意,鱼骨理结构

老师板书课题,学生书空写课题(即伸出手指跟着老师一起写),齐读课题。提示:关键词"美丽",能美美地读吗?(生再次美读课题。)

接着,教师示范背诵课文(适当配上小兴安岭一年四季的景色图片)。学生惊讶并追问老师背诵课文的基本方法。此时,老师随机通过梳理首尾段及春、夏、秋、冬的鱼骨图理清结构(见图2-7),引导孩子了解课文大概及清晰的行文结构。部分学生已经跃跃欲试去背诵课文,此时宜留给学生自由朗读课文和熟读背诵课文的时间。

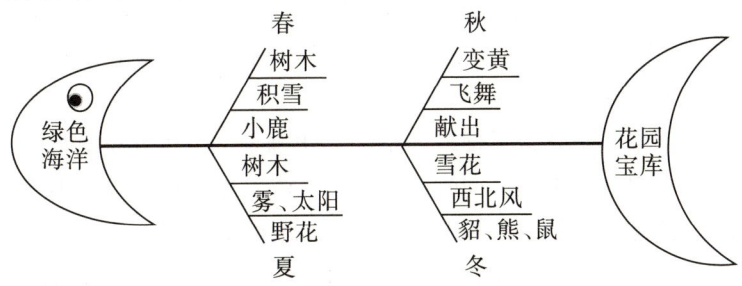

图2-7 《美丽的小兴安岭》课文结构鱼骨图

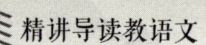

这时已有小部分学生能够尝试背诵课文了,但还不够。于是就有了下一步的细化指导策略。

二、问读理线索,划读记忆桩

对大部分学生来说,为了降低难度,背诵可先从简单的段落开始。问读首尾段:第一段——小兴安岭在哪里?有什么,像什么?(学生根据问题来朗读第一段。)最后一段——小兴安岭一年四季景色怎么样?是什么?也是什么?(学生根据问题来朗读最后一段。)在几次朗读的基础上,完全可以背诵首尾段了。

这时,大部分孩子有了背诵的成就感,就可顺势渗透划读记忆桩的背诵方法,指导学生在问读基础上(春天,树木长得怎么样?积雪有什么变化?小鹿在干什么?),用立桩记忆法背诵描写春天的段落。

第一步,展示记忆立桩词:

树木 抽出_____ 长出_____

积雪 汇成_____ 流着_____ 涨满_____

小鹿 _____散步 俯下_____ 侧着_____ 欣赏_____

第二步,解释立桩词:左边是关于"春天小兴安岭的主要景物"的三个词语,右边是关于"主要景物"的具体描写。

第三步,指导立桩记忆的方法:要做到高效背诵,就要找到一根支持背诵的"拐杖"——先记住要点之间的关系,再利用这种联系加快记忆。

第四步,练习背诵:学生自己试背→指名背诵→会背的同学一起背→背不熟的可读文→齐声背诵。

三、错诵品词句,师生共挑战

在"春天"这一段的背诵中,老师跟学生比赛背诵,并故意设置四个错误背诵点,引导孩子专注地听,认真地分辨。

"春天,树木抽出(设错:长出)新的枝条,长出嫩绿的叶子。山上的积雪融化了,雪水汇成小溪,淙淙地(设错:哗哗地)流着。溪里涨(设错:流)满了春水。小鹿在溪边散步(设错:跑步)。它们有的俯下身子喝水,有的侧着脑袋欣赏自己映在水里的影子。"

在与学生互动中,引导孩子理解"抽出"仿佛是一下子就长出来了,把枝条快速长出来的样子写得形象生动。同时"融、汇、流、涨"四个动词为我们形象描绘了冰雪融化、河流淙淙流动的过程,展现出积雪慢慢融化,汇聚成小溪,淙淙地流着,河里涨满了春水这样一片生机盎然的景象。与此同时,引导理解小鹿的悠闲,感受人与自然和谐共处的美好境界。

四、问读明方法，熟读自成诵

在此基础上，问读并划读背诵其他段落。提示如下："夏天"的段落——夏天，树木长得怎么样？雾怎么样？太阳怎么样？草地上盛开着什么？"秋天"的段落——秋天，叶子有什么变化？落叶呢？森林向人们献出了什么？"冬天"的段落——冬天，空中、树上、地上的雪是怎样的？西北风呢？紫貂、黑熊、松鼠在干什么？并相机划出记忆桩词，完善板书。学生自由练习背诵。

《鲁滨孙漂流记》分享课教学设计

一、设计思路

这是整本书的分享交流课，教学设计时我立足整体，有机整合阅读策略、文本欣赏及个性化感悟，让学生在交流中分享，在讨论中提升。引导学生初步了解鲁滨孙在荒岛战胜困难、谋求生存的非凡经历，体会鲁滨孙顽强、积极的生活态度，学会将思维导图巧妙地运用，表达自己对整本书的个性化解读。

二、教学流程

（一）重现阅读，整体把握

1. 主要内容

最近，我们一起读了《鲁滨孙漂流记》，这节课我们就来聊一聊，交流本书的主要内容。本书主要写了这样一个故事：遇难荒岛的鲁滨孙与自然斗争，以顽强的意志生存了下来，还收留了一个野人，取名叫作星期五，把他训成了忠实的奴仆。28 年后，他救了一艘叛变船只的船长，回到英国。

为了考查学生对小说的知晓度，尝试进行以下知识抢答。

（1）鲁滨孙第一次出海的目的地是＿＿＿＿＿＿＿＿＿＿＿＿＿＿，不料却遇到了可怕的风浪，好不容易才保住了性命。

（2）鲁滨孙第二次出海是去＿＿＿＿＿＿＿＿，这次他成功了。

（3）鲁滨孙在逃亡时，把一个小孩留了下来，这个小孩叫＿＿＿＿。

（4）1659 年 9 月 1 日，鲁滨孙从＿＿＿＿＿上船到几内亚去。

（5）鲁滨孙在荒岛上第一次听到别人和自己说话是在＿＿＿＿年后。

（6）鲁滨孙在荒岛上发现了_____的脚印，害怕得三天没出门。

（7）被鲁滨孙救下的土著人叫_____，给他取这个名字的原因是_____。

（8）鲁滨孙在岛上经常阅读的书是_____。

2．主要事件

了解本书的基本内容后，概括鲁滨孙如何在荒岛上生存下来、经历了哪些事情。要求学生尝试用思维导图的形式合作画出来，如图2－8所示。

鲁滨孙经历的事情：

（1）搭帐篷、围栅栏、挖洞穴、制家具；

（2）打猎、捕鱼、蓄养山羊、种粮食、做面包；

（3）救助"星期五"；

（4）救出一个西班牙人和"星期五"的父亲；

（5）解救英国船长；

……

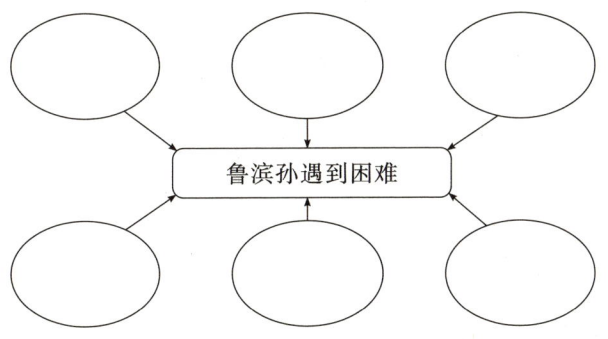

图2－8　思维导图示范图

3．整体印象

提问学生：鲁滨孙在荒岛上创造了生存的奇迹，说说他给你留下了怎样的印象？学生自由表达，如勇敢坚毅，乐观积极，靠智慧解决困难等。

（二）走近情节，品味人物

1．分享精彩

（1）朗读精彩片段，思考并讨论：深陷绝境的鲁滨孙找到了哪些活下去的理由？请找出突出表现他心理的关键词句，读一读，并概括。

①从船上获得了维持生活的大量必需品，他认为这是上帝对自己的格外恩赐。

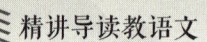

②在海难中,同船的 11 个人中,死了 10 个,就他一人活着,他认为这是上帝对他的特别关照。

③后文他在日记本上所列出的六大"好处",最集中地体现了鲁滨孙要顽强地活下去的理由。

(2) 从鲁滨孙的心理活动中看出他有着什么样的品质?

提示:敢于冒险、勇于追求自由自在的生活、热爱劳动、坚强不屈、百折不挠、勤勉实干、创造进取等。

(3) 该片段采用第几人称来写?这样写有什么好处?

该片段用第一人称描写鲁滨孙遇难荒岛后的所见、所闻、所想、所做,其中大量细腻逼真的心理活动描写,增强了小说的真实性。用第一人称展开叙述,写的都是"我"的眼中事、心中事,可充分展现"我"的内心世界,这就更具真实感。阅读时,好像不仅作者是"我",连读者也变成了小说中的"我"。所以第一人称的好处是使小说情境显得更为真切,作者与读者的距离缩小了,可以十分详尽地表现鲁滨孙的心理活动,大大加强了小说的真实效果,读来兴味盎然。

2. 畅谈感悟

学生自由表达,谈读后感悟。例如:

①在逆境中不仅要活下去,而且要活出质量。

②逆境中不要悲观绝望,要努力看到积极因素,改变悲观绝望心理。

③在逆境中,要有坚忍不拔的意志,有执着顽强的生存信念。

④要用理性战胜感情。

……

(三) 思维导图,个性表达

在本节课中,有两项重点内容,一是引导学生联系自己的生活实际,谈谈鲁滨孙给自己带来的影响;二是引导学生运用不同类型的思维导图,个性化表达自己对作品的理解。在本课课堂上,学生绘制的思维导图如图 2-9 所示。

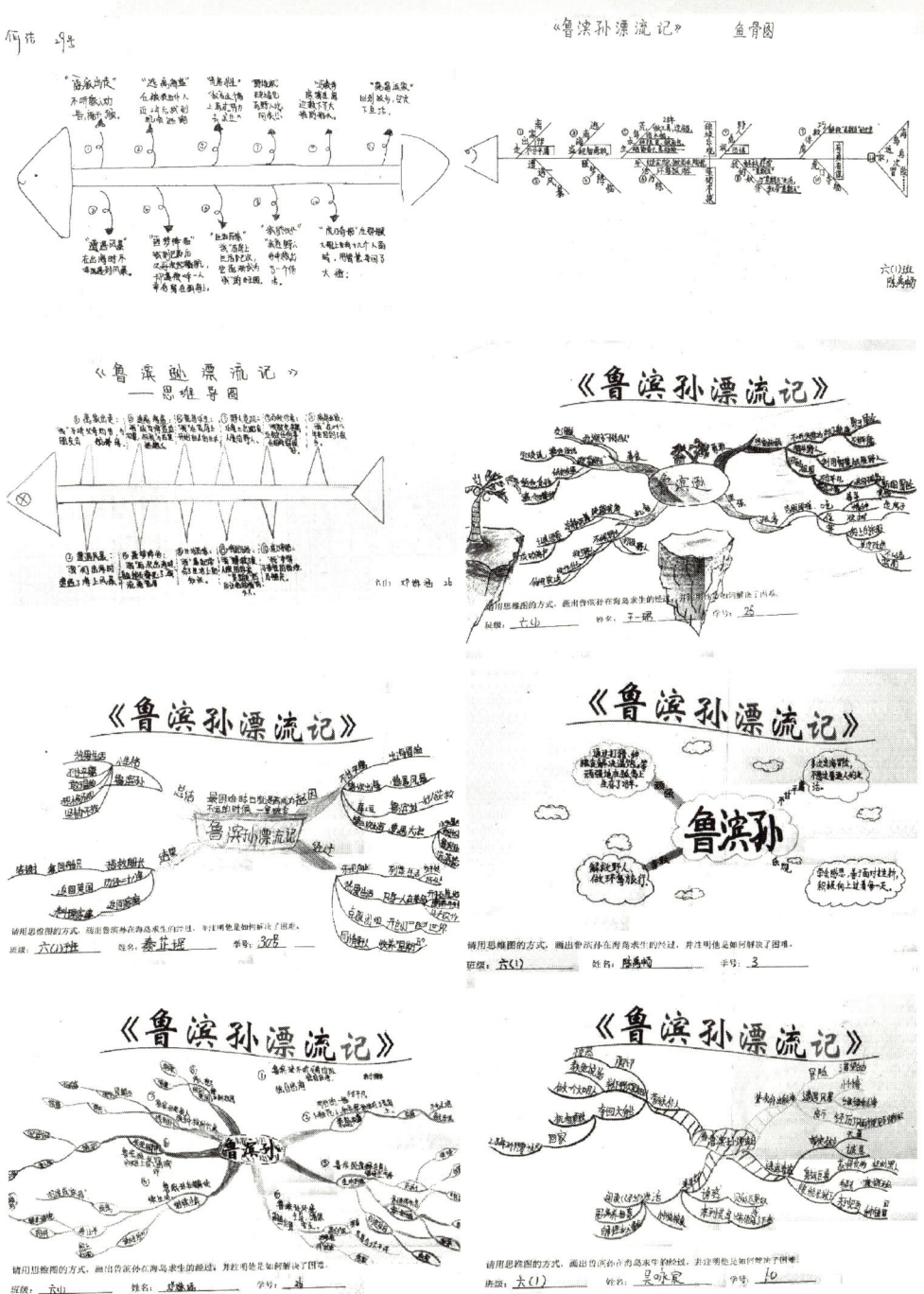

图2-9 学生绘制的思维导图作品

五、对比式聚焦

在有限的课堂里通过整合教学进行对比式聚焦教学,达到精讲目的。对比式教学,可以是两篇课文进行对比教学,也可以是多篇,还可以是读写结合式的聚焦,将课内的重点表达形式跟片段习作训练结合。关键是要聚焦相近或相似的写法或表达方式,一节课达成一个主要教学目标而不是多个,这样既能集中精力突破难点,又能丰富学生的语言积累和阅读材料。

本节以《学会看病》《剥豆》以及《蜜蜂》的教学设计作为示范。

《学会看病》《剥豆》整合教学设计

通过对话描写（即语言描写）与心理活动描写（即母亲内心的独白）反映母亲矛盾的内心世界是《学会看病》和《剥豆》这两篇文章的共同特点。其中《学会看病》文中母亲的矛盾心理贯穿故事的始终，对话中的犹豫不决也凸显了母亲的忐忑不安。教学中先整体把握框架，通过略读、浏览等方法，感知课文主要内容；然后通过品味语言与心理描写的句子，走进文中母亲的内心世界，将"内心独白"研读到底；并通过互文阅读《剥豆》，认识到让孩子学会独立才是文中母爱的真谛。

一、"按图索骥"，把握大意

师：今天我们一起来学习一篇文章《学会看病》，请读课题。这个词大家认识吗？（出示"按图索骥"卡片。）

生：按图索骥。

师：它是什么意思呢？

生：按图照着做。

师：在这篇文章中"按图索骥"是什么意思呢？请大家自由读文，找到答案。（生自由阅读。）

生：按照母亲口述的路线去看病。

师：请把课题带进去说一说。

生：儿子按照母亲口述的路线图学会了看病。

师：了不起！抓住一个关键词就归纳出了文章的主要内容。

二、"残忍狠心"，引发冲突

教师出示一组词"残忍、狠心、冷漠"，要求学生默读课文，并思考"你赞同

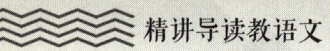

这位母亲的做法吗",引发对母爱的质疑,形成认知冲突;让学生通过阅读思考,从文中找出是否赞同的依据。直面学生阅读后的真实想法,并随机指导。

三、"忐忑不安",读写结合

指导学生重点品味课文第22段的内容:"时间艰涩地流动着,像沙漏坠入我忐忑不安的心房。两个小时过去了,儿子还没有回来。虽然我知道看病是件费时间的事,但我的心还是疼痛地收缩成一团。"

师:谁来说说你对这段话的理解?
生:"忐忑不安"写出母亲的煎熬……
生:"艰涩"写出对儿子不放心……
师:请你读一读。
(生读。)
师:费力地读,你听出了什么?
生:时间的煎熬。
生:犹豫不决的心情。
师:"沙漏坠入心房"是什么意思,给你什么感觉?
生:恐惧。
生:小小的沙漏坠入心房就像飞机(陨石)坠落,母亲心里不安。

此时,教师出示第24段内容:"终于,走廊上响起了熟悉的脚步声,只是较平日拖沓,我开了门,倚在门上。"教师提问学生:从哪些词句可以感受到母亲的痛?请你以"儿子"为开头,写写母亲想对儿子说的话。

(生分享。)
生:孩子,你舒服点了吗?
生:你别怪妈妈狠心,妈妈想让你变得坚强。
生:孩子,如果再有一次,我不会再让你一个人……
生:要在暴风雨中……
……

四、互文阅读,感受母爱

互文阅读《剥豆》,对比发现两篇课文的共同点——母亲矛盾的心理;重点品味最后一段文字:"想到自己的瞻前顾后,小心翼翼,实在是大可不必,对孩子来说,该承受的,该经历的,都应该让他体验。失望、失误、失败,伤痛、伤感、伤痕，自有它的价值。生活是实在的，真实的生活有快乐，也一定有磨难。"从中体会到不管是残忍、狠心、冷漠，还是后悔、心软、担心、放心……都是因为母亲对孩子的爱，从两篇文中可感悟到母爱的真谛——让孩子学会独立。最后推荐阅读毕淑敏的著作《母子环球旅行记》。

本节课的板书设计如图 2-10 所示。

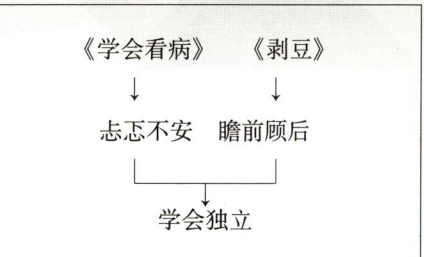

图 2-10 《学会看病》《剥豆》整合式教学板书

《蜜蜂》读写结合设计

  《蜜蜂》是一篇通过典型事例说明蜜蜂具有方向辨认能力的科普文章,体现了作者严谨的科学态度和求实的工作作风。在文中,既可感受到科学的严谨,又可体会到人文的真诚。从科学的角度看,法布尔的思考是较周密的,实验过程条理清楚,记述比较客观。在实验过程中,小女儿的表现以及作者对蜜蜂"遥远的家"的猜想,使我们体会到了亲情与关爱。

  此文的教学聚焦于梳理法布尔实验的过程,感受他的严谨,体会语言的准确生动,并搭建习作支架,从而引导学生读写结合,动手实验,仔细观察,写出实验过程。

一、导读实验,体会严谨

  首先,通过默读及填空练习,整体感知文章内容:课文主要讲了法国昆虫学家_____为了证实蜜蜂_____,做了个实验,得出了_____的结论。

  其次,重点引读课文的第二节,找出描写实验过程的句子,并进行排序练习及目的性讨论:这些步骤能少吗?顺序能变换吗?从而体会作者的严谨。

  (1) 在自己家花园里捉来蜜蜂放在一个袋子里。(便于观察)

  (2) 在捉来的蜜蜂的背上做白色的记号。(证实飞回花园的蜜蜂是"我"放飞的)

  (3) 叫小女儿在蜂窝旁等。(了解蜜蜂飞回的时间)

  (4) 在两里远的地方放飞。(距离足够证实蜜蜂是否认识回家的路)

  在此基础上,学习有序表达,用"先……接着……然后……最后……"句式说实验过程。

二、关注语言，感悟准确

引导学生快读思考：法布尔放出蜜蜂之后，看到了什么？
出示语句：
那些被闷了好久的蜜蜂向四面飞散，好像在寻找回家的方向。
这时候起风了，蜜蜂飞得很低，几乎要触到地面，大概这样可以减少阻力。
对比去掉"好像"后再次品读，再依次去掉"几乎""大概"后品读，体会作者用词的准确和实事求是的作风。

三、梳理结构，搭建支架

回读第二节，感受法布尔内心的疑惑和想法：我想，它们飞得这么低，怎么能看到遥远的家呢？引导学生梳理整段的基本结构，搭建习作支架。小结时提示本段实验过程的习作"密码"：先写"怎么做"，再写"看到的"，还写了"想到的"。

这样，不仅把实验过程按顺序写清楚，还能写得生动。我们习作的时候也要学会运用这个方法。

四、课堂实验，读写结合

搭建习作支架后，引导学生学以致用。先现场观察一位同学做实验——"测试A4纸的承受力"的步骤，再借助以下图表（表2-4），用"先……接着……然后……最后……"句式说出实验过程。然后借助"怎么做？看到什么？想到什么"的框架，说出实验过程。

表2-4　A4纸承受力测试内容表

实验准备	准备材料：两个大小相同的长方形物体、一个一元面值的硬币、一张A4纸
实验过程	第一步：把两个大小相同的长方形物体平放在桌面上
	第二步：让它们之间相隔两个小拳头的距离
	第三步：把一张A4纸平铺在两个长方形物体上
	……
实验结果	……

在以上基础上，趁热打铁引导学生写出实验过程，并对学生习作进行评析。以下为学生习作之一。

测试 A4 纸的承受力

今天上午,张作为在教室里做了一项有趣的小实验。

首先,他把两个一模一样的长方形木块放在桌面上;接着,将木块轻轻移开,让它们之间保持两个拳头的距离。然后,他取出一张 A4 纸,小心翼翼地将它平铺在木板上。瞧!纸片稳稳当当地躺在木块上,好像正在睡大觉呢。最后,他慢慢地将一枚硬币放到了纸的中间。纸瞬间沉了下去,似乎被硬币压弯了腰。

在小实验中,我们发现一张 A4 纸的承受力实在是太小啦!

本节课的板书设计如图 2-11 所示。

图 2-11 《蜜蜂》教学板书

第三篇
导读四例

一、经典导读

经典是什么？经典有哪些？今天我们为什么要读经典？"经典不是你在读的书，而是你正在重读的书。"按教育专家林格老师的说法，经，径也，内心的通路；典，上供、祭祀的地方，是盛放我们灵魂的所在。回归经典，是为了深入到民族文化的根部；学习经典的根本目的，是为了打通我们的心路。

我们深知，从屈原的《离骚》到汉代乐府，从唐诗、宋词到元曲、明清小说，从古代文学到当代美文，经典就像一条川流不息的河，不断汇入新的溪流，不断向前涌动……我们深信，只要孩子们有了乐读喜诵的阅读体验，有了丰富的语言积累和知识储备，并遵循学习经典的基本路径——反复诵读、知行合一、修正自己，就好比一个人攀上了群山之巅，他自然而然就有了一种"一览众山小"的气魄和开阔的胸襟。这样一种浸润经典所获得的文化素养，再加上温故而知新、沉潜反复的实践体验，则可以传承文明、陶冶性情、积淀底蕴、健全人格。

本节以笔者2017年作为佛山市经典领读者领读《〈弟子规〉到底说什么》一书作为示范。

领读《〈弟子规〉到底说什么》

之一：学生的规范

要读好《〈弟子规〉到底说什么》这本书，首先要初读 P149—P156 的《弟子规》诵读部分，理解和诵读《弟子规》的基本内容。

《弟子规》原名《训蒙文》，是一部成书于清朝并广为流传的儿童启蒙读物，为清朝康熙年间秀才李毓秀所作，其内容采用《论语·学而》第六条"弟子入则孝，出则悌，谨而信，泛爱众，而亲仁，行有余力，则以学文"的文义，并加以延伸拓展，列述弟子在家、出外、待人接物、为人处世、求学等方面应具备的礼仪与规范。

关于"弟子"的解读比较多，北京弟子规教育培训中心邓卫东指出："弟子"的意思在家指孩子，在校指学生，在公司指员工，在单位指下一级，在社会指公民；"规"就是规范、规矩、规则、规律。

图 3-1 《〈弟子规〉到底说什么》图书封面

本人比较倾向于将"弟子规"解读为"学生的规范"，因为在终身学习的时代背景下，社会上的每一个人都需要学习，都可以称为"学生"，都需要"学好生存的本领、学会生活的技能、学懂生命的意义。"

《弟子规》共有 360 句、1080 个字，三字一句，两句一韵，两句或四句连意，朗朗上口。全篇先为"总叙"，后分为"入则孝、出则悌、谨、信、泛爱众、亲

仁、余力学文"七个部分。其中总叙部分的意思是：《弟子规》这本书，是依据圣人的教诲而编成的生活规范。首先要做到孝顺父母，友爱兄弟姊妹。其次言行要小心谨慎，讲诚信，与人相处时要平等博爱，并且亲近有仁德的人。如果做好这些之后，还有多余的精力，就应学习其他有益的学问。而这些，恰恰是我们每一个"学生"所应遵从的规范。

之二：安详的力量

细读郭文斌与华一欣对话的前言部分，品味安详视野中的《弟子规》，可以充分感受到安详的力量。"当一个人内心存有安详，仅仅从一餐一饮，半丝半缕中，就可以感受到世界上最大的幸福。否则，即使拥有世界，也可能和幸福无缘。"这令人想起了颜回"一箪食，一瓢饮，人不堪其忧，回也不改其乐"的境界。"安详既能给富人提供心灵着陆，又能给穷人提供心灵温暖。"宛如孔子所言："贫而乐，富而好礼者也。"

老子的《道德经》中谈到，"五色令人目盲，五音令人耳聋，五味令人口爽，驰骋畋猎令人心发狂，难得之货令人行妨。是以圣人为腹不为目，故去彼取此。"意思是，五光十色的视觉感受，会让人眼花缭乱产生错觉；杂乱的靡靡之音听多了，听力会变得迟钝；每天食用各种不同食物，不吃口味更重的食物就觉得食不知味。放纵自己于娱乐嬉戏之中，会让人追逐享乐心神不定。奇珍异宝会让人引起贪欲妄想，不择手段地获得它，造成行为失当，丧失正确的价值观。所以，圣人生存在世间，无生存之虞就已知足，不求多余的感官刺激，因而抛弃外在的追逐，只取内在的满足。

正如郭文斌所言："四种飓风把现代人带离家园。一是泛滥的欲望，二是泛滥的物质，三是泛滥的传媒，四是泛滥的速度。"而"《弟子规》360句，113件事，本质上是给我们提供了113个回家的入口，走进安详的入口。""安详是一条离家最近的路，又是家本身；安详是全然的喜悦，无条件的快乐；安详既是生命的方向，也是生命的目的。"

安详更是生命的力量，也是生命的源头活水！

之三：向下扎根

该书P11—P20关于"人生之根"的阐述是打开《弟子规》的第一把钥匙。一本《弟子规》，"本质上是祖先的声声唤归""本质上就是在讲如何扎下人生之大根"。

现代人的味觉产生了错位。"他们在味觉上追求麻辣烫,那么他们长大后必然会在情感上也追求麻辣烫,在事业上也追求麻辣烫。想想看,传统的稳定的家庭和事业怎么能够满足他们的需求?"

现代人的听觉产生了错位。"人们不但丧失了欣赏天籁的能力,也丧失了欣赏地籁的能力,更为可悲的是还丧失了欣赏人籁的能力。"

现代人的视觉也产生了错位。"人们一味地追逐美色,正是因为找不到色的根本。"

"现在的年轻人已经不愿意和老人住在一起,更不要说四世同堂。"这"说明人们已经不能在亲情中体会幸福,大多数人现在可怜到只能从欲望和刺激中体会浮浅的幸福,伪幸福,如梦幻泡影一样的转瞬即逝的幸福"。

而这一切,"意味着人已经没有了根"。《弟子规》就是让人们回归"根"性,回归安详。"步从容,立端正;揖深圆,拜恭敬。勿践阈,勿跛倚;勿箕踞,勿摇髀",是让人们扎下端庄和安定的根;"势服人,心不然;理服人,方无言",是让人们扎下"理"的根;"能亲仁,无限好;德日进,过日少",是让人们扎下"仁"的根……

向下扎根,才能向上结果!一棵树的根只有往下扎,扎得越深,树才会更茁壮,它的树枝会相应地向天空伸展得更高更远。一本《弟子规》,引导人们打好人生的底色,"扎下幸福人生的根,也就是孔老夫子讲的'素'"。

之四:孝是什么

该书 P21—P33 关于"孝顺之门"的阐述是打开《弟子规》的第二把钥匙。

孝是什么?"'孝'这个字,'老'字头,'子'字身,本身就是一个象征,通过孝我们回到整体,回到源头,回到根,回到无始,同时到达大海,到达无尽。因此,孝不是别的,孝是整体性。"

孝是什么?"孝,实际上是对伦理的一种顺,它是天理。""父母责,须顺承。对于父母的责,我们能够顺承,本身就是孝。"一个人要顺流而下,"不孝意味着一个人拒绝了顺流而下,拒绝了走向大海,走向整体。""尊敬老师是对智慧的一种顺。珍惜粮食是对时间和空间的一种顺。""父母呼,应勿缓",如果"缓",就意味着"顺"已经断掉,感应已经断掉,意味着这个人已经孤立。"孝不但能够生勇,还能够生悌,生忠,生信,生礼,生廉,生耻,生仁,生爱,生和平。这个'生',究其本质,也是一个'顺'。"

孝是什么?"孝本质上是感恩。""而感恩,就意味着我们接通源头,接通源头的能量。""当一个人的感恩心得到启发,他已把个体的能量变成整体的能量。"

孝是什么？小孝"养父母之身""亲有疾，药先尝；昼夜侍，不离床"；中孝"养父母之心""身有伤，贻亲忧；德有伤，贻亲羞"；大孝"养父母之志""建功立业，全心全意为人民服务""一个人能够从事民族优秀文化的继承工作，意味着他在尽大孝"。

孝是什么？孝是祖祖辈辈、世世代代、子子孙孙的血脉亲情之力汇聚成的一条奔腾不息的生命之河、智慧之河，到达大海，到达无尽。

之五：唤醒自性

该书 P34—P43 关于"自性之途"的阐述是打开《弟子规》的第三把钥匙。

自性是什么？自性即人的心中本来就有、本自具足的光明性智，是人心中的智慧源头及光明的力量。

《弟子规》中精华中的精华、灵魂中的灵魂的句子"执虚器，如执盈；入虚室，如有人"讲的是：端着一个空杯就像端着一个满杯一样小心翼翼，进了一个空屋就像进了一间有人的屋子一样约束自己。"如果说前两句，讲的是对自己的严谨，那么后两句，既是对自己的严谨，也是对环境的严谨。"

这讲的正是"自性"的理想状态。"'本自'的密钥，安详的密钥，就在这里。但是很可惜，多少年来，我们却一直让它沉睡。"

这讲的也是"慎独"的道理。所谓"十目所视、十手所指""举头三尺有神明"，慎独最能滋养品行。往往我们在人前表现得很恭谨，但无人时就开始放肆，甚至会起恶念、起邪思。不论何时何地，或明或暗，或在人前，或于独处，都要时时警惕、守正不苟。只有时刻警醒，保持宁静的操守，在义与利的选择面前，如履薄冰、如临深渊，才能守住"自性"，回归安详。

"自性"需要唤醒！唤醒的途径是学会向内看，学会在开发生命本身中寻求幸福，学会慎独，学会断惑，"断惑的程度，就是幸福的程度，快乐的程度"。

"自性"需要点亮心灯！"《弟子规》所讲的 113 件事，也是 113 盏灯。我们用心生活，用心工作，用心待人，就是一种灯的状态。"每个人心中应有这样一团"不时提醒你回到本性"的火苗——因为"那是安详和幸福的源头所在"。

之六：重建诚信

该书 P44—P61 关于"诚信之则"的阐述是打开《弟子规》的第四把钥匙。

"凡出言，信为先；诈与妄，奚可焉……过能改，归于无；倘掩饰，增一辜。"《弟子规》用 30 句、180 字的篇幅来谈"信"。这实际上是讲"诚"，因为自性本诚，诚的目的是让我们回归自性。"整个宇宙道德都在表演诚信。人既然是宇宙中的一分子，就要向宇宙学习。"

什么是诚？什么是信？孟子说："诚者，天之道也；思诚者，人之道也"。诚是天道；而信，则是人道。"套用孔子常讲的两个字，忠和恕。诚接近于忠，信接近于恕。诚相当于规律，而信就是按规律去做事。从这个意义上讲，诚是道，信是德。"诚信不但是一个人的生命力，更是一个民族和国家的生命力。

"古人活着，目的是为了完成人格，现在我们更多的人活着，则是为了追求金钱。"这是诚信问题解决不了的根本原因所在。因此需要重建诚信！

怎样重建诚信？"物格而后知至，知至而后意诚，意诚而后心正，心正而后身修，身修而后家齐，家齐而后国治，国治而后天下平。"这是古人给我们创造的一套完整的回到诚信的道路和阶梯。而《弟子规》本身就是一部诚信的方法论。

"现代人防别人，古人防自己。"要重建诚信，关键要恢复"大逻辑"，要相信天道存在，要明白宇宙本质上是一种合作。诚信首先是一个向内的要求，诚信是人的本性；防好自己，成了问题的关键。这就要求回到"敬畏"、回到"廉耻"，恢复安详。

诚信是健康学，诚信还是成功学、幸福学。

之七：敬的姿态

该书 P62—P80 关于"恭敬之心"的阐述是打开《弟子规》的第五把钥匙。

《弟子规》整篇都在讲"敬"。"晨必盥，兼漱口；便溺回，辄净手"，是讲敬身；"唯德学，唯才艺，不如人，当自砺"，是讲敬德；"或饮食，或坐走，长者先，幼者后……事诸父，如事父；事诸兄，如事兄"，是讲敬长；"冠必正，纽必结，袜与履，俱紧切"，是讲敬物；"非圣书，屏勿视，蔽聪明，坏心志"，讲的是敬读；"朝早起，夜眠迟，老易至，惜此时"，讲的是敬时。这一切都要求我们对待万物要有一种敬的姿态。

一旦怀有恭敬之心，就会发现，人最大的感恩应该是对空间和时间的感恩。"时间和空间，我们不要把它简单地理解为是一个无所谓的东西。而一定要记住，它是生命力，是资源，是值得我们敬畏的东西。"

一旦怀有恭敬之心，就会发现，"这个世界上没有被别人耽误的人，只有被自己耽误的人。""工作看上去是我们的一份谋生职业，其实……是一个需要我们带着无比的恭敬和珍惜去对待的事业。"

陈丹青曾批评："中国人大抵是惯于取巧而敷衍的，我自己也是如此。而我所见美国艺术家，一个个愚不可及，做事情极度投入、认真、死心眼儿、有韧性，即所谓持之以恒、精益求精是也。同人家比，中国人的大病、通病，是做事不踏实，做人不老实，要说踏实老实的憨人，中国不是没有，只是少，例外，吃亏，混不开。"

我认为，人之所以"做事不踏实，做人不老实"，其"病灶"在于缺少敬的姿态，没有恭敬之心，不居敬，怎能扎实？

之八：爱的践行

该书 P81—P95 关于"爱众之道"的阐述是打开《弟子规》的第六把钥匙。

《弟子规》是爱的教育。"首孝悌，次谨信。泛爱众，而亲仁。有余力，则学文。"孝、悌、谨、信、爱、仁、文，七个根，事实上是一个根，那就是爱。孝是爱父母，悌是爱兄弟，谨是爱品格，信和仁是爱他人，文是爱的方法和途径。

通读《弟子规》，我们会发现，作者虽然没有明说我们要去爱物，但却通过字里行间告诉我们，"当你把衣服理解成生命时，你的心里多了一个生命。当你把几案理解成生命时，你的心里多了一个生命。当一个人的心里装着无数生命时，他的生命也升华了。"

"钓而不纲，弋不射宿。"意思是，孔子用鱼竿钓鱼，而不用渔网捕鱼；用弋射的方式获取猎物，但是从来不射取休息的鸟兽。这是孔子对爱的践行示范，也表明了孔子对于自然仁爱的态度。

孔子的学问，讲的是忠恕之道。忠，是"己欲立而立人，己欲达而达人"；恕，是"己所不欲，勿施于人"。忠恕之道，就是说，你想要的，就知道别人想要，也帮助别人达到；你不想要的，别人也不想要，就不要强加于人。"忠"和"恕"其实是爱的两个方法论。

"从抱怨到释怨，从有求到无求，从反抗到忍辱，从算计到随缘，这既是一个人完成人格的必由之路，也是寻找安详和快乐的必由之路"，更是践行爱的必由之路！

之九：超越原则

该书 P99—P113 关于"超越原则"的阐述是践行《弟子规》的六条原则之一。

怎样超越？首先不能断章取义，片面理解。如"人有私，切莫说"和"凡出言，信为先"有矛盾，这就要求找到一个更高的原则——"善相劝，德皆建"来解读。

其次，关键要把《弟子规》背后的大逻辑弄清楚。这个大逻辑是什么？"《弟子规》讲的113件事，就是在讲德，就是在讲安心之理，就是在讲厚德载物，就是在讲常识。"而现代人的焦虑症、感觉恐惧、患得患失、不愿意相信常识等弊病皆源于心不安；《弟子规》却能给现代人提供一份心灵的清凉。

一旦弄清楚了这个大逻辑，于是，"回到内心、回到本体、回到本性、回到根"的幸福观就生成了；于是，"与宜多，取宜少"的舍得智慧观就生成了；于是，"天根、福根、苦根"三足鼎立的吃苦观就生成了；于是，"点亮别人心灯、播下爱善的种子"的善行观就生成了；于是，"心安理得""求之不得、舍而得之""上善若水""自然而然"等词语在不经意间跟我们的生活相对应了。

再次，学习《弟子规》，但并不局限于其中所涉及的内容。时代在与时俱进、社会在千变万化，但万变不离其宗，要按照《弟子规》的精神去践行，即前文讲过的六大精神——"人生之根、孝顺之门、自性之途、诚信之则、恭敬之心、爱众之道"，其中"根本、孝顺、自性"是定，"诚信、爱众、恭敬"是应。内有定，外有应，才可称为成人。

怎样超越？要敬字当头，对先贤的智慧，要有一种温情与敬意，一字一句切己体察，事上琢磨，知行合一。

之十：快乐原则

要想真正把《弟子规》变成营养，关键还是要和快乐接轨。书中P114—P119关于"快乐原则"的阐述是践行《弟子规》的六条原则之二。

孝是快乐的。我们教育孩子孝敬老人，首先要让孩子明白，孝敬绝对不是义务，而是享受。孝敬是快乐的源泉，古代传统是四世同堂，甚至五世同堂，因为古人痴迷于亲情，享受于亲情，陶醉于亲情；"因为幸福更多的时候是一种常温，如果一个人要生活在激情之中，那个幸福要么会自燃，要么会他燃，甚至是一种危险。"

利他本身就是一种快乐。我们要在利他中感受到快乐，要在生命成长中寻找快乐。获得快乐有两种方式。一是"忠"之快乐，像六祖惠能那样，"啪"的一下就能进入快乐的源头；二是"恕"之快乐，就是"将加人，先问己；己不欲，即速已"，即孔子所说的"己所不欲，勿施于人"。为什么一个人心存利他就会快乐？因为利他可以让人从患得患失中解脱出来；当一个人主动利他时，得失之患自动脱落。

《弟子规》所列113件事，无非是舍我利他的途径，因此也是快乐的途径。在孝中体会到快乐，在谨中体会到快乐，在爱中体会到快乐，在众中体会到快乐，在信中体会到快乐，在仁中体会到快乐，在文中体会到快乐。113件事，113眼快乐

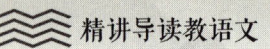

之泉。

古人以孝为根,以悌忠信为本,以礼义廉耻为枝,以仁爱和平为华,使道德成为一棵常青树,也使个体的快乐成为一棵常青树,最终使整体快乐成为一个整体。

"学而时习之,不亦说乎?"如果我们在践行《弟子规》中能时时反观自己的言行,修正自己,提升自己的境界,这不也是一件很快乐的事吗?

之十一:落地原则

本书P120—P127关于"落地原则"的阐述是践行《弟子规》的六条原则之三。

"《弟子规》是需要我们去实践的,要变成我们的习惯,然后成为自然。如果把《弟子规》比作一个面包,那么,只有落地,才会变成我们身体需要的营养和能量。否则,它和我们的生命没有任何关系。"

怎样落地?首先是从每天的点滴小事做起,所谓"不积跬步无以至千里,不积小流无以成江海"。我们需要每天带着警觉去生活,去对照:早晨起来洗脸的时候,本来用一个度量的水就可以把问题解决了,但我却用了两个度量?上楼的时候,如果楼层不太高,我们是否乘了电梯?在班上,我们是否把每一件事都做到了圆满?接电话的时候,我们是否让对方感到不舒服?打印文稿的时候,我们是否双面打印?吃饭的时候,点的菜是否剩了许多,是否用了一次性筷子,是否一次抽了很多张餐巾纸?下班回家的时候,是否把办公室空调和照明灯关上,把电源拔掉……如果做不到,那就是不符合《弟子规》的精神。

其次,要从每个人的"力行"做起,所谓"势服人,心不然;理服人,方无言"。要别人怎么做,首先自己要做好。

"无心非,名为错;有心非,名为恶。"此时你会发现,坚持每天力行对照很重要,但它依然不是最重要的,最重要的是念头。唯有心中有大爱的念头,有真善美,才能真正地与自己的幸福人生关联,才能带给别人温暖和力量。我们要让这些美好的念头,内化为每个人的习惯和气质,从而和每个人的生命成长水乳交融。

之十二:改过原则

该书P128—P135关于"改过原则"的阐述是践行《弟子规》的六条原则之四。

"人非圣贤,孰能无过?"所谓金无足赤,人无完人。"过能改,归于无;倘掩饰,增一辜。"因此,孔子教导我们"过则勿惮改"!

怎样改过？首先是认同，生命的意义在于向圣人看齐。而《弟子规》，正为我们每天检点自己提供了最方便、最好操作的参照。曾子也为我们提供了三面镜子："吾日三省吾身，为人谋而不忠乎？与朋友交而不信乎？传不习乎？"

其次是必须把自己变成勇士，需要知耻心和敬畏心作后盾。

再次，要"行有不得，反求诸己"。要先从自己改起，千万别盯着他人，千万不要试图改造对方。如孟子所说"行有不得者反求诸己，其身正而天下归之"。这是儒家的进步心法，看起来很平常，但能量很大。这是从向外看，转为向内看，从关注向外求索转向触摸自己的内心生命，是一种全新的生命体验。"有诸己不非诸人。"自己身上有的毛病，你就不要去批评别人。那么别人身上的错误是用来做什么的？是用来规正和反思自己的——他这是提醒我了，我身上有没有这个问题，要不要改？"无诸己不求诸人。"自己没有做到的，不要苛求别人做到。尤其是领导者，立规矩，自己做出表率，才能施于天下，往往不是你管不了天下，而是你管不了或者不愿意管住自己。

此外，要把所有人看成老师，所谓"见人善，即思齐；纵去远，以渐跻。见人恶，即内省；有则改，无加勉"。

过而能改，善莫大焉。

之十三：榜样原则

该书 P136—P142 关于"榜样原则"的阐述是践行《弟子规》的六条原则之五。

榜样的力量是无穷的。一个人的心中一定要装着这样一位可作为榜样的人，要么是孔子，要么是范仲淹，要么是像该书作者郭文斌的恩师刘富荣这样的人，把他当作一本书去读，你的人生才会有一个动力，有一个标杆，有一个灯塔，你就不会走错路，走弯路。正所谓读万卷书不如行万里路，行万里路不如阅人无数，阅人无数不如跟着"榜样"走路。

"三人行，必有我师焉。"该书作者郭文斌老师所讲的"这样的人"，我理解为：可以是你身边的每一个人，也可以是你听过他的故事、读到他的书、甚至有任何一点让你触动和感动的人，还可以是充满人生智慧的老人。所谓要知下山路，顺问过来人，习近平主席之所以有这么大气魄的治国方略，与他善待和尊重革命老前辈密切相关，他要么一一登门拜访，要么临近节日或生日亲笔祝贺，据说 30 多年来他所请教的副部级以上长者不下 500 人。

而要让别人落实《弟子规》，自己首先要做到，榜样不是靠嘴巴说说就可以的，而是要靠身体力行，用行动来实现的。

其实，人人皆可为榜样。只要心存敬意，以圣贤为友，与经典为朋，充满敬意地做好手头的活，充实饱满地过好每一天，这样，你就会发现原来自己也可成为榜样，这样你就会发现，"幸福就是你静静地坐在那儿，静静地坐着，突然发现有一只蝴蝶落在你的肩膀上，这就是幸福。但是如果你说，哦，原来幸福就是蝴蝶，就拼命地去追、追、追，蝴蝶却再也不回来了。"

之十四：一半原则

该书 P143—P148 关于"一半原则"的阐述是践行《弟子规》的第六条原则。

一半里面有幸福，适时、适量、适道，不求过多，亦无须过多，就如孔子之叹："贤哉，回也，一箪食一瓢饮，在陋巷，人不堪其忧，回也不改其乐。"如此简陋的生活，颜回却不改其乐。

一半里面有和谐。一半原则，就是让情和欲有一个"节"，一个"度"，让它符合天理。如果每个人都过一半生活，把桌上饭菜减少一半，把用水减少一半，把用煤减少一半，把用电减少一半，把用地减少一半，把房子面积减少一半，则意味着给我们的子孙后代省下一倍的资源。同时，这本身也是对大地母亲的孝，对环境的悌，对时空的谨，其本质是泛爱众，是亲仁。对于国家来说，如果每个公职人员都能够把公心和私心作一半分配，那行政效率会大大提高。

一半是宇宙法则。白天和黑夜，男和女，阴和阳，都是一半。生命的秘密就在呼和吸的各"一半"中；工作和睡眠，各一半。而《弟子规》所讲的"衣贵洁，不贵华；上循分，下称家。对饮食，勿拣择；食适可，勿过则"，则是"一半"的方法论。

如果我们主动过一半的生活，就是和宇宙法则相应，是安详。过一半的生活，意味着我们把省下的那一半时空留给心灵，留给天机，意味着我们把生命延长了一倍，意味着惜福、培福，意味着"极简生活"。一个人长期过一半的生活，才有真正的自由和幸福可言。

"一半"本质上是"让"，让利于他人、环境、自然，和谐、科学地发展，最后它又变成爱国、爱民族、爱人类。

之十五：向郭文斌老师致敬

这是最后一篇领读稿，首先我最想表达的感受是：向尊敬的郭文斌老师致敬！衷心感谢郭老师带给我的这次精神之旅！这是我读过关于《弟子规》解读最好的一本书，我所作的所有领读稿，无非是对郭老师的观点做一些摘录。虽与郭老师素未谋面，但每次读郭老师的书，聆听郭老师娓娓道来，都会有不一样的感受，不一样的警醒。

其次，要感谢佛山市图书馆、佛山市文广新局等单位给我这次领读的机会，很荣幸成为2017年佛山市领读者之一。作为一位小学校长，深感作为教育人的一种担当和责任。

而今，这是一个教育很忙、很热闹、很折腾的时代。身为教育人，应怎样落实郭老师所说的观点？是践行《弟子规》精神，做有根的教育，引导每个孩子寻找幸福。根在哪里？根在地底下的深处、更深处！向下扎根，意味着在黑暗中行走！向下扎根是一个痛苦的过程，因为要接纳和化解太多的黑暗、艰难甚至痛苦，还有可能扎在乱石、瓦砾、垃圾堆中而举步维艰。然而，教育的使命要求我们必须往下扎，暗暗地下功夫，在不屈不挠中摸索前进，才换得树的伟岸。

教育是什么？教育本身是人性的，是希望、是力量、是慰藉，教育就是火、教育就是光！教育就是闪烁着神性的光芒！每一个教者要用自己的生命之光、智慧之火点亮孩子的心灯，点燃孩子的智慧火把！这种光是人性之光，是人文精神之光！是学校群体共同铸造的教育价值所闪耀出来的，是学校教育群体的包容、善良、正义、积极、主动等人性光辉的自然流露。

最后，我想用一句话来小结：向内寻求幸福，让安详回家。

（2017年作者作为佛山市领读者领读此书）

二、整本书导读

新课标指出:"培养学生广泛的阅读兴趣,扩大阅读面,增加阅读量,提高阅读品味。提倡少做题,多读书,好读书,读好书,读整本的书。关注学生通过多种媒体的阅读,鼓励学生自主选择优秀的阅读材料。"吴欣歆教授认为,让学生阅读整本书,能整体提升学生语文核心素养,其价值主要体现在四个方面:一是提供相对完整的文化场域,二是推动认识过程的逐渐完善,三是促进阅读策略的综合运用,四是承载综合能力的进阶发展。她认为,语文教师不仅要引领学生读完整本书,还要引导他们养成重读的习惯,让学生在阅读过程中找到能够陪伴自己终生的书,常读常新,在不同年龄获得不同的滋养。综合目前学生的阅读现状,笔者认为,整本书的导读应进入语文课程,成为语文课程的重要组成部分。

下面,以《草房子》为例,介绍笔者是怎样用问题驱动、节点激趣、角色代入三种方式进行整本书导读的。

《草房子》导读

一、问题驱动式导读《草房子》

以问题驱动引导孩子们自主阅读,提倡教师辅助理解、师生共读、亲子共读。在时间方面,如按一个月时间来推进的话,可以前三周每周读三章内容,适当进行复读;最后一周回读全书,写出读后感。在阅读指导方面,可以组织3~4次,包括整体引读、小组交流、优美句段积累、人物形象感悟等。问题导读例举如下:

(1)秃鹤表演《屠桥》中的连长很出色,为何在大家都庆祝时他却跑到远处哭了?(理解一个因报复而失去同学的信任的孩子,长期以来受到冷落的委屈,及一个善良孩子用自己的努力挽回尊严感的心理过程。)

图3-2 《草房子》图书封面

(2)纸月因何舍近求远转学到油麻地小学读书?后来问题解决了,纸月为何不回原来的学校?(体会纸月凄惨的身世和其与桑桑等同学的深厚友谊。)

(3)白雀与蒋一轮恋爱未成功是桑桑这个信使的错吗?(体会成人爱情的复杂性。)

(4)秦大奶奶一开始为何给油麻地小学找麻烦?她是不是个坏人?后来又因何变成了油麻地小学的守护神?(理解一个旧社会的老人失去自己的土地后的不平衡心理,以及对土地的深厚感情。)

(5)杜小康为班里做了哪些贡献?是个怎样的孩子?你喜欢他吗?为什么?(理解杜小康的家庭与他的性格品质,肯定他敢作敢为、与人为善的品质。)

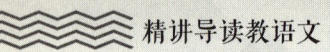

(6) 细马是个坏孩子吗?他为何对学生们又骂又打呢?(分析细马这个外地学生到油麻地上学因语言不通受歧视而造成的心理伤害,引导学生要尊重弱势学生,特别要尊重语言不通或习俗不同的异乡人。)

(7) 白雀与蒋一轮的爱情结果怎样?为何造成这个爱情悲剧?(言之成理即可。)

(8) 家道中落后的杜小康经历了哪些困难?桑校长说:油麻地最有出息的孩子,也许就是杜小康!你同意这个说法吗?为什么?(说出小康直面生活、直面困难,肯于用努力改变现实的性格。)

(9) 桑桑生了什么怪病?病后的桑桑变了吗?桑校长是如何给他看病的?(理解桑桑的成长,了解桑校长敢于直面现实及自身缺点、成长为一个优秀的校长的过程。)

……

阅读整本书是一项系统工程,单凭教师的几道思考题,很难达到良好的阅读效果,需将学生自主提出问题和讨论问题、学生自主阅读与师生共读以及亲子阅读结合起来,老师和家长要在适当的时间与学生一起阅读或督促阅读,才能提高阅读效率,扩大阅读成果。只有静下心来,与学生一点点地研读,共同面对书中的困惑和精彩、感受文字的优美与魅力,让学生切实受到精神上的引领和思想上的启迪,才能真正发挥整本书阅读的综合效能,切实提升学生的语文核心素养。

二、节点激趣式导读《草房子》

《草房子》是一部纯美小说,精彩的地方很多,本文以书中有趣的童谣导入,切入到文中主人公的形象帮助理解,进而激发学生的阅读期待,引发学生浓厚的阅读兴趣。

(一) 童谣激趣

童谣是民间日常生活与思想情感的记录和艺术再现,是风情风俗的缩影。童年是一首诗,童年是一幅画,童年是一首首歌谣。下面一起来欣赏书中的几首童谣:

姐姐十五我十六,
妈生姐姐我煮粥,
爸爸睡在摇篮里,
没有奶吃向我哭,
记得外公娶外婆,
我在轿前放鞭炮。

此童谣的内容荒诞不经,属于"颠倒歌",用渲染夸张的手法,嘲笑故意颠倒的现象，诙谐有趣。

>呀呀呀，呀呀呀，
>脚趾缝里漏出一小丫。
>刚一跨脚就跌了个大趴叉。
>这小丫，找不到家，
>抹着眼泪胡注注……

  此童谣整幅画面充满了动态美，又极具趣味性。不管是参与其中的孩童，还是旁观者，都会会心一笑。

>正月梅花香又香，
>二月兰花盆里装。
>三月桃花红十里，
>四月蔷薇靠短墙。
>五月石榴红似火，
>六月荷花满池塘。
>七月栀子头上戴，
>八月桂花满树黄。
>九月菊花初开放，
>十月芙蓉正上妆。
>十一月水仙供上案，
>十二月腊梅雪里香。

  这首童谣以一年十二个月为序，选取吴地每月中具代表性的花来讲，不同的时节有不同的花样，带给人们精神上美的享受和愉悦。

>一颗星，挂油瓶。
>油瓶漏，炒黑豆。
>黑豆香，卖生姜。
>生姜辣，叠宝塔。
>宝塔尖，戳破天。
>天哎天，地哎地，三拜城隍和土地。
>土地公公不吃荤，两个鸭子囫囵吞。

>一树黄梅个个青，打雷落雨满天星。
>三个和尚四方坐，不言不语口念经。

  这两首童谣想象奇特，跳跃性强，侧面反映出书中描绘的吴地人们知足、乐观、豁达的生活态度。

让学生读出童谣的趣，读出童谣的韵味，并告诉他们这些童谣来自于《草房子》这本书。再通过品曹文轩笔下的草房子，让学生感受到文字的魅力，吸引孩子走进《草房子》的文字世界。

（二）**整体猜读**

一是欣赏封面及扉页上的提示内容。例如封页上的文字："明天一大早，一只大木船，在油麻地还未醒来时，就将载着桑桑和他的家，远远地离开这里——他将告别与他朝夕相伴的这片金色的草房子……"桑桑为什么要告别与他朝夕相伴的草房子呢？从封面、封底及扉页等处的文字中我们可以了解图书内容、作者曹文轩及相关阅读评价。

二是读目录。通过目录，可以整体认识人物、激起悬念：第一章 秃鹤、第二章 纸月、第三章 白雀（一）、第四章 艾地、第五章 红门（一）、第六章 细马、第七章 白雀（二）、第八章 红门（二）、第九章 药寮，从中我们可以大致了解本书相关的人物。

拿到新书时，首先关注封面、作者、内容简介、目录等，这些信息能帮助学生尽快了解书的大概，而封面上的文字往往更有韵味，它能引导我们直接进入书的精神世界。例如封底有作者曹文轩的一段话："美的力量绝不亚于思想的力量。一个再深刻的思想都可能变为常识，只有一个东西是永不衰老的，那就是美。"作者在书中一直在追求这永不衰老的美，作品里到底美在哪呢？

（三）**人物聚焦**

听读猜人物游戏：猜猜描写谁？分别朗读描写秃鹤、纸月、杜小康、细马、秦大奶奶的句段，让学生猜相对应的人物。例如：

他用长长的好看的脖子，支撑起那么一颗光溜溜的脑袋。这颗脑袋绝无一丝瘢痕，光滑得竟那么均匀。阳光下，这颗脑袋像打了蜡一般亮，让他的同学们无端地想起，夜里它也会亮的。

提示学生思考：秃鹤因为是个秃头，同学们经常嘲弄他，可作者却说他是世界上最英俊的一个少年，这是为什么呢？

秃鹤这么有特点，那么贯穿整本书的主人公桑桑又是个怎样的孩子呢？引读片段。

片段一：桑桑想到了自己有个好住处，而他的鸽子却没有——他的许多鸽子还只能钻墙洞过夜或孵小鸽子，他心里就起了怜悯，决心要改善鸽子们的住处。当那天父亲与母亲都不在家时，他叫来了阿恕与朱小鼓他们几个，将家中的碗柜里的碗碟之类的东西统统收拾出来扔在墙角里，然后将这个碗柜抬了出来，根据他想象中的一个高级鸽笼的样子，让阿恕与朱小鼓他们一起动手，用锯子与斧头对它大加改造。四条腿没有必要，锯了。玻璃门没有必要，敲了。那碗柜本有四层，但每一层都大而无当。桑桑就让阿恕从家里偷来几块板子,将每一层分成了三档。桑桑算了一下,一层三户"人家",四层共能安排十二户"人家",觉得自己为鸽子们做了一件大好事,心里觉得很高尚,自己被自己感动了。

片段二:那天,他在河边玩耍,见有渔船在河上用网打鱼,每一网都能打出鱼虾来,就在心里希望自己也有一张网。但家里却并无一张网。桑桑心里痒痒的,觉得自己非有一张网不可。他在屋里屋外转来转去,一眼看到了支在父母大床上的蚊帐。这明明是蚊帐,但在桑桑的眼中,它却分明是一张很不错的网。他三下两下就将蚊帐扯了下来,然后找来一把剪子,三下五除二地将蚊帐改制成了一张网,然后又叫来阿恕他们,用竹竿做成网架,撑了一条放鸭的小船,到河上打鱼去了。河两岸的人都到河边上来看,问:"桑桑,那网是用什么做成的?"桑桑回答:"用蚊帐。"桑桑心里想:我不用蚊帐又能用什么呢?两岸的人都乐了。女教师温幼菊担忧地说:"桑桑,你又要挨打了。"桑桑突然意识到了问题的严重性,但在两岸那么多感兴趣的目光注视下,他却还是很兴奋地沉浸在打鱼的快乐与冲动里。

引导学生交流:你眼前出现了一个什么样的桑桑?

(四)延伸阅读

引导学生思考:桑桑的命运会如何呢?杜小康、白雀、细马他们的人生经历又是怎样的呢?会给我们哪些启发?红门、艾地这些地方又发生了什么故事呢?让我们满怀期待去阅读《草房子》这本书吧!

三、角色代入式导读

《草房子》一书中文字的画面感很强,人物形象鲜明,尤其适合学生们进行角色代入演读,而且本书已经有了许多各种不同版本的课本剧表演,可让学生们选择自己喜欢的角色参与其中。可以在读中演、演后再重读,也可边读边演,让学生们读在其中、演在其中、乐在其中,在不知不觉中感受人物形象,接受真、善、美的体验。下面例举"秦大奶奶舍身救乔乔"的剧本片段。

秦大奶奶醒来了
——《草房子》课本剧片段表演①

[上课钟声响起。]
[背景:一片茂密的竹林。]

---

① 本剧本片段来源于绿色圃中小学教育网,引用时有适当修改。

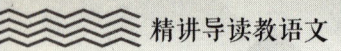

　　[画外音：上课铃响过之后，孩子们才懒洋洋地进了教室。二年级的小女孩乔乔，在竹林里居然玩过了头，忘记了上课。]

　　[幕启。乔乔拿了根细树枝，在竹林里敲着她周围的竹竿。《春天在哪里》的音乐响起。]

　　乔乔：[伸展双臂，自转一圈，一脸陶醉] 春天多美啊！听，竹林在沙沙沙地唱歌呢！多美妙！真令人陶醉啊！

　　[画外音：冰封的大河，早已溶化成一河欢乐的流水，在阳光下飘着淡淡的雾气。]

　　[响起"哗哗"的流水声。]

　　[乔乔走到河边，卷起袖子，撩起裤脚，玩起水来。]

　　乔乔：[惊喜地] 咦，水面上哪来的月季花啊？那么鲜红，那么美丽！

　　[乔乔不顾一切地扑到水边，一手抓住岸边的杂草，一手伸向树枝，决心要拦住那支花。可谁知，乔乔手中的杂草突然被连根拔起，"扑通"一声，乔乔跌入水中。]

　　乔乔：[大喊] 救命！救命啊！奶奶——

　　[乔乔呛了口水，在水中挣扎，一双手向天空拼命抓着。]

　　[秦大奶奶正在附近的草丛里给她的鸡喂食]

　　秦大奶奶：[转过身来] 好像是乔乔的声音，哎呀，不好！

　　[秦大奶奶赶紧扔下手中喂食的瓢，颤巍巍地赶到河边，未来得及爬下河堤就扑了下去。乔乔抓住奶奶的裤腰，她被秦大奶奶那双无力的双手勉强推出了水面。]

　　[画外音：河水在乔乔的耳畔响着。阳光照着她的面颊，她好像做了一场噩梦醒来了。]

　　[乔乔哇哇大吐了一口水，坐了起来，然后，她望着空空的河水，哭了起来。这时，河边走来了一个人。]

　　过路人：你在哭什么？

　　乔乔：奶奶……奶奶……

　　过路人：哪个奶奶？

　　乔乔：秦大奶奶……

　　过路人：她怎么了？

　　乔乔：她在水里……

　　过路人：[朝大河扑去] 救人啊——

　　[秦大奶奶被人从水中捞起时，似乎已经没有气了。她湿漉漉地躺在一个大汉的臂弯里，被无数人簇拥着往河堤上爬去。乔乔一边挥泪一边奔跑着，她不时地跌倒又爬起，爬起又跌倒，那悲怆的神情旁人看了无不伤心落泪。]

[画外音：秦大奶奶的双腿垂挂着，两只小脚像钟摆一样无力地摆动着，银灰色的头发也垂挂着，不停地滴着水珠；她的双眼闭得死死的，仿佛永远也不会睁开了。]

群众一：喊医生去！

群众二：已经有人去啦！

群众三：牵牛去！

群众四：阿四家的牛马上就能牵到！

群众五：牛来了！牛来了！

群众六：大家让开一条道！让开一条道！

乔乔：[凑上前，一边抹泪一边不停地摇动着秦大奶奶] 奶奶——奶奶——

[阿四骑在牛背上，一边用树枝拼命鞭打那头牛，一边用袖子擦去不断渗出的汗水。]

群众一：快点把她放上去！

群众二：让牛走动起来，走动起来……

群众三：大家闪开！闪开！

群众四：让牛走得快一点，再快一点！

[牛慢慢地加速。]

乔乔父亲：[抹着眼泪，把乔乔往前推了一下] 大声叫奶奶呀！大声叫呀！

乔乔：奶奶——奶奶——

群众：让孩子们一起叫她！也许能够叫醒她！

孩子们：[围聚过来] 奶奶——秦大奶奶哎——

[从牛背上传来一声沉重的叹息声。]

[画外音：秦大奶奶终于醒来了！她奋不顾身地救了乔乔，自己险些丧命。可最后，为了救学校一个南瓜，她不慎滑入河中……这一回，她再没有醒过来。垂暮老人在最后一瞬间所闪耀的人格光彩，感动了油麻地的人们，也感动了我们。同学们，人间自有真情在，只要人人都献出一点爱，世界将变得更加美好！]

[全体齐唱《爱的奉献》：这是心的呼唤，这是爱的奉献，这是人间的春风，幸福之花处处开遍。这是生命的源泉，在没有心的沙漠，在没有爱的荒原，死神也望而却步，幸福之花处处开遍。啊！只要人人都献出一点爱，世界将变成美好的人间！啊，啊，啊……]

三、古诗文导读

轻叩诗歌的大门，我们面前出现了一个美丽的诗的世界。我国的唐诗是其中一道绚烂的风景线，许多优秀诗人写下了不可计数的优美诗歌。遨游这片诗海，我们流连于李白的浪漫雄奇，体味着杜甫的深沉热烈，感受着王维的空灵清新……

沿着古诗文的流淌脉络，聆听历代先贤留下的永恒声音，那里饱含人性的至真、至善、至美；触摸天下苍生创造的优秀文化，那里写满了中华文明的优美与高雅，雄浑与放达。让我们静下心来细细品味古诗的精彩，感受文字的鲜活与五千年文化的精华。让心灵穿越时空，在诗韵美文里一次次升华！

本节以笔者2017年在佛山电台导读《敕勒歌》《绝句》《示儿》等古诗文时的节目实录作为示范。

草原之歌

——品读《敕勒歌》

婉君①：《听佛山　听文明　读经典》，欢迎大家收听节目。今日我们请到曾中文老师做客节目，曾老师你好。

曾：婉君你好，各位听众大家好。

婉君：今日曾老师来同我们分享古诗词，不知道曾老师准备分享哪一首古诗呢？

曾：我想以另一种方式同大家分享古诗词。在揭开谜底之前，先同大家讲讲故事。婉君，我先考考你地理。在我国北部，有这么一块狭长的区域，横跨东北、华北、西北，看似一只矫健的雄鹰，雄踞在祖国的边疆；又似一匹奔腾的骏马，驰骋在祖国的北方。你猜猜这是什么地方？

婉君：曾老师讲的应该是内蒙古自治区吧。内蒙古地域有多辽阔，看几个数字大家就知道了。它的东西距离有2400多千米，当太阳从东边升起的时候，它的西端在还黑夜之中；它南北跨1700多千米，当南端已进入芳草萋萋的阳春季节时，北端还是一片白雪皑皑的世界。

曾：内蒙古地域辽阔，所以物产和资源也很丰富，东边有大兴安岭茂密的森林、西边包头有丰富的铁矿资源。南方适宜耕种，而北方适宜放牧。单单说内蒙古的羊就全身都是宝：它喝的是天然矿泉水，吃的是天然中草药，穿的是珍贵的羊绒衫，挤出来的是乳汁香醇的羊奶。

婉君：嗯，说起内蒙古还有它的美景也是为人津津乐道的。有山林景观，比如大青山、贺兰山。又有沙漠奇观，还有一望无际的草原景色。内蒙古最有特色的，就是在大草原上的蒙古包了，还有好似彩云般流动着的马群、羊群、牛群，既使人

---

① 婉君为佛山电台《听佛山　听文明　读经典》节目主持人。

惊叹,又叫人舒服。

　　曾:说到内蒙古的美景,就让我想到一首北朝民歌《敕勒歌》:

　　　　敕勒川,阴山下。
　　　　天似穹庐,笼盖四野。
　　　　天苍苍,野茫茫,
　　　　风吹草低见牛羊。

这是一首敕勒人唱的民歌,是由鲜卑语译成汉语的。

　　婉君:虽然是一首民歌,但是最后那句"风吹草低见牛羊"非常出名,它歌唱了大草原的景色和游牧民族的生活。

　　曾:"敕勒川,阴山下",交代敕勒川位于高耸云霄的阴山脚下。"天似穹庐,笼盖四野",说的是天空像一顶巨大的圆帐篷,笼罩着草原的四面八方,描绘出天野相接、无比壮阔的景象。最后三句"天苍苍,野茫茫,风吹草低见牛羊",描绘了一幅生机勃勃的草原全景图。"风吹草低见牛羊",写的是一阵风儿吹弯了牧草,显露出成群的牛羊,形象生动地写出了这里水草丰盛、牛羊肥壮的景象。全诗展现出我国古代牧民生活的壮丽图景。这首诗具有北朝民歌所特有的明朗豪爽的风格,境界开阔,音调雄壮,语言明白如话,艺术概括力极强。

"两个鸡蛋一把韭菜"

——品读《绝句》（杜甫）

婉君：欢迎收听《听佛山　听文明　读经典》，我是婉君。今日请到曾中文老师同我们分享经典古诗词。曾老师今日要同我们分享哪一篇古诗词呢？

曾：今日在讲古诗词之前，先讲讲美食。婉君，你知不知道两个鸡蛋和一把韭菜可以做出四道不一样的菜？

婉君：想不到曾老师对做饭还有研究？

曾：其实都很简单。先将两个鸡蛋磕破，把蛋白和蛋黄分开，就有了四样材料：蛋壳、蛋白、蛋黄、韭菜。再将蛋黄和蛋白分别用油煎好，然后用锅烧一碗清汤，通过这几样材料摆出不同造型。第一道菜：韭菜上摆放两个鸡蛋黄。第二道菜：一片韭菜叶上铺一行切成片的蛋白。第三道菜：四根韭菜围一框，里面洒点碎蛋白。第四道菜：清汤上浮着四个一半的蛋壳。

婉君：听起来挺有趣。但是今日讲古诗词，同做菜有什么关系呢？

曾：这四道菜，其实是展示了一首诗的情境。就是杜甫的那首《绝句》：

　　两个黄鹂鸣翠柳，一行白鹭上青天。
　　窗含西岭千秋雪，门泊东吴万里船。

婉君：这首诗写得很优美。我知道这首诗是杜甫在成都浣花溪草堂闲居时写的，彼时他共写了四首绝句，每一首都是千古名篇。本诗是其中的第三首，描写了草堂门前浣花溪边春季的景色。

曾：这首诗的优美之处在哪里呢？我们一句句看。诗的上联是一组对仗句。草堂周围多绿，新绿的柳枝上有成对的黄鹂在欢唱。一派愉悦景象，有声有色，构成了新鲜而优美的意境。第二句写蓝天上的白鹭在自由飞翔，这种长腿鸟飞起来姿态优美，自然成行。晴空万里，一碧如洗，白鹭在青天映衬下，色彩极其鲜明。两句中一连用了"黄""翠""白""青"四种鲜明的颜色，织成一幅绚丽的图景。首句还有声音的描写，传达出无比欢快的感情。

婉君：上联给人一种十分活泼的感觉。但是下联风格一转，呈现一种静景，写了一些冬季的景色，还有点"冷"的感觉。

曾：诗的下联也由对仗句构成。上句写凭窗远眺西山雪岭，岭上积雪终年不化，所以积聚了"千秋雪"。用一"含"字，使此景仿佛是嵌在窗框中的一幅图画，近在眼前。观赏到如此难得见到的美景，诗人心情的舒畅不言而喻。下句再写向门外一瞥，可以见到停泊在江岸边的船只。因为战乱平定，交通恢复，能看到来自东吴的船只，想到这些船只将要畅行万里，沿岷江穿三峡，直达长江下游，怎不叫人喜上心头呢？

这首诗，每句一景，其中动景、静景、近景、远景交错映现，构成了一幅绚丽多彩、幽美平和的画卷，表现了诗人复杂细腻的内心思想活动，令人心旷神怡，百读不厌。

强烈的爱国情怀

——品读《示儿》

婉君：欢迎收听《听佛山　讲文明　谈经典》节目，我是婉君。今日请到曾中文老师，同我们分享经典古诗词。曾老师你好。

曾：大家好。"望子成龙，望女成凤"，可以说从古至今都是大部分父母对孩子的期望。但是，父母作为孩子人生的第一任教师，要教给孩子什么以及如何教，是值得深思的。我们先看看先贤的做法是怎样的。郑板桥一生清廉，给儿子的遗言是："淌自己的汗，吃自己的饭，靠天靠人靠祖宗，不算英雄汉。"

婉君：这就是教给孩子要独立。

曾：林则徐认为无论子孙贤或不肖，都不应留钱。因此，他没留下一个钱，他曾写过一副对联："子孙若如我，留钱做什么？贤而多财，则损其志。子孙不如我，留钱做什么？愚而多财，益增其过。"

婉君：可见，相比于财富、金钱的继承，他更看重的是自己的孩子有没有成为有用的人。

曾：今日，我们一起来品读宋代爱国诗人陆游的诗《示儿》：

　　死去元知万事空，但悲不见九州同。
　　王师北定中原日，家祭无忘告乃翁。

婉君：陆游是南宋爱国诗人，毕生从事抗金和收复失地的正义事业。虽然屡遭投降派排挤、打击，但爱国热情始终没有消减。这首《示儿》是诗人临终写给儿子的遗嘱，表达了诗人至死念念不忘"北定中原"、统一祖国的深挚强烈的爱国激情。

曾：我们逐句解读一下。首句"死去元知万事空"的意思是，本来就知道，人死后万事万物都可无牵无挂了。乍听起来，这很像是人临终时常发出的一种慨叹。但是紧接下去，诗人用一个"但"字引出第二句"但悲不见九州同"，使人感到，原来诗人是在倾吐自己一腔深沉的悲愤——八十六年间的种种荣辱得失、长期抱病的艰窘与痛苦、身后事务的料理和安排，都统统显得那么渺小，因而也都不值得去

说了。唯独一件事却放不下，那就是沦丧的国土尚未收复，没有亲眼看见祖国的统一。

婉君：诗人在生命弥留之际，把自己的生死、与儿孙的永诀和祖国的安危紧密地纽结到一起，可见他自己的悲愤的灵魂已和民族的深重的灾难融为一体了。

曾：第三句"王师北定中原日"，以肯定无疑的语气点出了对胜利的展望，表明诗人虽然沉痛，但并未绝望。他坚信总有一天宋朝的军队必定能平定中原，光复失地。有了这一句，诗的情调便由悲痛转化为激昂。尾句"家祭无忘告乃翁"，情绪又一转，无奈自己活着的时候已看不到祖国统一的那一天，只好把希望寄托于后代子孙。于是深情地嘱咐儿子，在家祭时千万别忘记把"北定中原"的喜讯告诉他。

这首诗用笔曲折，情真意切地表达了诗人临终时复杂的思想情绪。全诗有悲的成分，但基调是激昂的。诗的语言浑然天成，没有丝毫雕琢，全是真情的自然流露，但比着意雕琢的诗更美，更感人。

一身正气的郑板桥

——品读《竹石》

婉君：《听佛山　听文明　读经典》，欢迎收听本期节目。今日婉君继续与曾中文老师一起同大家分享经典古诗词。

曾：大家好。今天我们来讲讲清代画家郑板桥。婉君你听过吧？

婉君：我对他的了解不多，但是从小就会读他的一首名篇《竹石》：

咬定青山不放松，立根原在破岩中。

千磨万击还坚劲，任尔东西南北风。

这首诗内容容易理解，诗的核心也是表达了诗人的坚忍不拔，用现在的话来讲，有点"硬汉"的感觉。

曾：能写出这首诗，不是诗人的一点感悟而已，其实也反映了他的人生经历和价值观。我们先从他的成长故事讲起。

郑板桥年轻时家里很穷，因为无名无势，尽管字画很好，也卖不出好价钱，家里什么值钱的东西都没有。一天，郑板桥躺在床上，忽见窗纸上映出一个鬼鬼祟祟的人影，郑板桥想：一定是小偷光临了，我家有什么值得你拿呢？便高声吟起诗来：

大风起兮月正昏，有劳君子到寒门！

诗书腹内藏千卷，钱串床头没半根。

小偷听了，转身就溜。郑板桥又念了两句诗送行：

出户休惊黄尾犬，越墙莫碍绿花盆。

小偷慌忙越墙逃走，不小心把几块墙砖碰落地上，郑板桥家的黄狗直叫着追住小偷就咬。郑板桥披衣出门，喝住黄狗，还把跌倒的小偷扶起来，一直送到大路上，作了个揖，又吟送了两句诗：

夜深费我披衣送，收拾雄心重作人。

婉君：郑板桥应对起小偷来毫不畏惧，还能用自己的才学把对方劝走，挺有意思的。

曾：郑板桥在早年日子过得比较苦，不过在雍正十年即公元1732年，郑板桥在朋友们的帮助下去应试，结果中了举人。在乾隆元年即1736年又中了进士，五年之后被任命为山东范县县令。

婉君：总算多年的努力和积累有了成绩了，他可以施展抱负了。

曾：郑板桥做官不讲排场，这也给他带来了一些麻烦。由于他常下乡体察民情，上级来视察时常找不到他，免不了要责问。在乾隆十七年时潍县发生了大灾害，郑板桥因为申请救济而触怒了上司，结果被罢了官。临行前，百姓都来送行，郑板桥雇了三头毛驴，一头自己骑，一头让人骑着前边领路，一头驮行李。做县令长达十二年之久，却清廉如此，送行的人见了都很感动，依依不舍。

婉君：从此之后呢，郑板桥回乡以画竹为生度过了他贫寒而又有气节的一生。他一生只画兰、竹、石，他认为兰四时不谢，竹百节长青，石万古不败，这正好与他倔强不驯的性格相合。他的画一般只有几竿竹、一块石、几笔兰，构图很简单，但构思布局却十分巧妙，用墨的浓淡衬出立体感。竹叶兰叶都是一笔勾成，虽只有黑色一种，但能让人感到兰竹的勃勃生气。

曾：讲回今天的诗歌《竹石》。这首诗借物喻人。诗人通过吟诵立根破岩中的劲竹，含蓄地表达了自己绝不随波逐流的高尚的思想情操。前两句赞美了劲竹的内在精神，首句"咬"字极为有力，表现了劲竹的刚毅性格，次句表明劲竹对生长条件并无过高要求，显出它顽强的生命力。后两句进一步写恶劣环境对劲竹的磨练以及它不屈不挠的精神。作者在赞美竹石的这种坚定顽强精神时，隐喻了自己风骨的强劲。

品梅、赞梅、学梅

——品读《墨梅》《梅花》《卜算子·咏梅》

婉君：《听佛山　听文明　读经典》，欢迎收听本期节目。今日婉君继续与曾中文老师一起同大家分享经典古诗词。

曾：大家好。今天我们来赏赏梅花。古往今来，歌咏梅花的诗词很多，有的歌咏梅花风韵独特，有的吟咏梅花神形俱清，有的赞美梅花标格秀雅，有的歌颂梅花节操凝重。

婉君：梅，同兰、竹、菊一起称为"四君子"。文人雅士多数赞赏梅花的高洁、典雅、冷峭、坚贞。梅花被视为知己朋友、君子，是当之无愧的。不过，梅花更为可贵的，还是梅花的精神。梅的铮铮铁骨、浩然正气、傲雪凌霜、独步早春的精神，被人们誉为中华民族之魂。

曾：宋代王安石的《梅花》中的崇高品格和坚贞气节，象征我们龙之传人的精神。元代爱梅、咏梅、艺梅、画梅成癖的王冕，隐居于九里山，植梅千株，自题所居为"梅花屋"，他的《墨梅》诗名扬天下。

婉君：来到现代，毛泽东作过关于梅花的词《卜算子·咏梅》：

　　已是悬崖百丈冰，犹有花枝俏。
　　俏也不争春，只把春来报。
　　待到山花烂漫时，她在丛中笑。

曾：这首词洋溢着革命英雄主义和乐观主义精神。毛泽东的另一首七律《冬云》中也赞扬了"梅花欢喜漫天雪"的不畏严寒、独步早春的精神。

婉君：还有王安石的《梅花》：

　　墙角数枝梅，凌寒独自开。
　　遥知不是雪，为有暗香来。

曾：这首诗的意思是，墙角有几枝梅花冒着严寒独自开放，为什么远看就知道洁白的梅花不是雪呢？那是因为梅花隐隐传来阵阵香气。这首诗赞赏了梅花不畏严

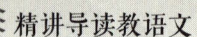

寒、独自开放的顽强精神,表现了诗人不同凡俗的品格。诗中的梅花,就是诗人的自我写照。

婉君:还有王冕的《墨梅》:

我家洗砚池边树,朵朵花开淡墨痕。

不要人夸颜色好,只留清气满乾坤。

曾:这首诗讲的是,诗人家洗砚池边这棵梅树,朵朵花开显出淡淡的墨迹;不图人们夸它颜色鲜艳,只求飘散的清香充满天地。

婉君:这是一首题画诗。诗人赞美墨梅不求人夸,只愿给人间留下清香的美德,实际上是借梅自喻,表达自己对人生的态度以及不向世俗献媚的高尚情操。

曾:这是跟王冕的经历有关的。王冕自幼家贫,白天放牛,晚上到佛寺长明灯下苦读,终于学得满腹经纶,而且能诗善画,多才多艺。但他屡试不第,又不愿巴结权贵,于是绝意功名利禄,归隐浙东九里山,作画易米为生。"不要人夸颜色好,只留清气满乾坤"两句,表现了诗人鄙薄流俗、独善其身、孤芳自赏的品格。

四、绘本导读

绘本就是图画书，是以绘画为主，并附有少量文字的书籍。绘本不仅讲故事、传播知识，而且可帮助孩子建构精神世界。一般来说，绘本适合低年级学生阅读。在实践中，笔者总结了绘本导读的四个环节：观想读、代入读、复述读、延伸读。

观想读。读绘本，首先提升的是观察力。观察是绘本阅读的基础，很容易也很重要。拿到绘本看到图画时，引导学生看一看、想一想、猜一猜，在看见的基础上找出差别，看到本质，摸清作者想表达的真正意图。

代入读。代入角色，师生将自己代入绘本中一个自己喜欢的角色，将自己当成某个角色，这样就可享受其中，美美地读。而享受，是我们常常遗忘的，因为我们在导读绘本时，内心总是带着功利的目的。如果换一个角度，带着学生一起走进故事，享受美的图画、享受动人的故事、享受美好的情感，这将是很惬意的场景。

复述读。引导学生将绘本故事讲给同龄人听，讲给父母亲人听。在复述的过程中，绘本里的内容不知不觉融入学生的内心，变成其自己身上的独特气质。

延伸读。这是阅读的拓展，推荐学生阅读其他绘本，在广泛涉猎的阅读中享受美图美文带来的精神愉悦。当然，还可引导学生自己创编绘本故事，这是更高的要求，但也可以尝试。

本节以《逃家小兔》的绘本导读作为示范。

《逃家小兔》绘本导读

一、作品分析

《逃家小兔》原版图书出版于1942年,作者是美国图画书界的先驱性人物玛格丽特和克雷门。作品讲述了一只小兔子和妈妈之间发生的一场有趣又充满温情的爱心捉迷藏游戏。故事就是几段小兔和妈妈的对话,但就是这几段对话,使本书成为绘本中的经典。小兔子对妈妈说:"我要跑走啦!""如果你跑走了,"妈妈说,"我就去追你,因为你是我的小宝贝呀!"一场爱的捉迷藏就此展开:小兔子上天入地,可不管他扮成小河里的一条鱼,还是花园里的一朵花……身后那个紧追不舍的妈妈总能抓住他。最后,小兔子逃累了,依偎在妈妈的身边说"我不再逃了",于是妈妈便喂了他一根象征爱的胡萝卜。《逃家小兔》总能让小读者感到一种安详宁静的愉快,简单而又富于韵味,它是一个让孩子倍感温暖的故事。

图3-3 《逃家小兔》引进版图书封面

二、设计理念

导读本书时,引导学生通过阅读图画,念出里面的文字,念出书中文字的感情,感受隐藏在图画背后的含义。在情节发展的关键地方适当停顿,让学生们看一看画面,猜一猜故事,读一读文字,想一想含义。在师生共读的同时,激发学生主动观察、大胆想象、适度创造,并在阅读中培养愉悦的审美情趣。

三、导读过程

(一)观想读

由猜小兔的谜语导入绘本《逃家小兔》,并出示封面,引导学生观察说话。

接着,导读封面、环衬、扉页。导读内容实录如下:

瞧,我们进入故事的第一道大门——封面:你看见了什么?一只小兔子和它的妈妈在家门口的草丛里聊天呢!猜一猜它们在说什么呢?

翻下去就进入了第二道大门——环衬:哦?好像什么都没有?但这是一个淡黄色的蝴蝶页,淡淡的黄色给人温暖的感觉,这一定是一个温馨的故事哦!想快点儿进入故事吧?

别急,这是第三道大门——扉页:它会告诉我们许多信息呢!"文/玛格丽特·怀兹·布朗",故事的作者是美国作家玛格丽特·怀兹·布朗。瞧,这就是玛格丽特,她为孩子们写了100多本童话书,遗憾的是,在一次旅游途中,她不幸去世了。"图/克雷门·赫德",为《逃家小兔》画上了精美插图的克雷门·赫德,也是美国人。"译/黄迺毓",因为这是外国的故事,还需要一个人把它翻译成中文,这个故事是我国台湾的黄迺毓教授翻译的。"少年儿童出版社",它是引进本书的出版社。

啊,这只可爱的小兔就是故事的主人公喽!看,它静静地蹲在地上,望着远方,它一定在想:我想离开家,可我要逃到哪儿去呢?让我们一起进入故事吧!

(二)代入读

1. 第一组图——逃跑

(1)引读开头

从前有一只小兔子,他很想要离家出走。有一天,他对妈妈说:"我要跑走啦!""如果你跑走了,"妈妈说,"我就要去追你,因为你是我的小宝贝呀!"

(2)引导想象

家里有吃有玩的,小兔子为什么想逃呢?它要逃到哪儿去?如果你是兔妈妈,当听到孩子这样说,心情会怎样?你会怎么想?

2. 第二组图——小兔子变小鱼

（1）引导猜想

小兔变成了什么？它想做什么？兔妈妈怎样追？请分角色读对话。

（2）观察小兔

原来，淘气的小兔变成了一条小鳟鱼，跑到小溪里了。鳟鱼是一种非常喜欢生活在冰冷、水流又很急的小溪里的鱼。

（3）观察兔妈妈

此时兔妈妈又在哪里？在干什么呢？引导学生粗看：兔妈妈站在河中间钓兔宝宝，她是怎样做的呢？引导学生细看：她右手拿着鱼竿，左手拿着鱼兜，肩上斜挎着小红包，穿着长长的雨靴站在河中间。咦，鱼饵怎么是胡萝卜呢？小溪里的水，又冷又急，妈妈为什么还要站在冰冷的河中间？引导学生感受兔妈妈的担心：怕小兔被别人钓走，又怕他遇见水怪、鳄鱼等，这都是因为妈妈关心、爱护自己的宝宝呀！

3. 第三组图——小兔子变成石头

（1）引导猜想

这一次小兔又把自己变成了什么？兔妈妈呢？

（2）观察小兔

这一次，淘气的小兔变成了大石头，跑到山上去了。

（3）观察兔妈妈

兔妈妈知道小兔变成石头后很着急，她在干吗呀？引导学生粗看：兔妈妈爬到山顶去抓小兔宝宝。她带上了哪些登山工具呢？引导学生细看：兔妈妈左手拿着登山棍，肩上挎着绳子，背上背着一个背包。

（4）引导体验

请学生试着体会兔妈妈的感情：兔妈妈老了，还要带上那么多登山工具去爬那么高、那么陡的山，为了找到自己的小宝贝，妈妈什么苦都能吃，什么累都不怕！这都是因为妈妈爱自己的宝宝啊！引导学生分角色朗读对话。

4. 第四组图——小兔变成小花

（1）引导猜想

小兔跑到哪里了？猜猜他要变成什么？

（2）观察小兔

调皮的小兔变成了小花，躲进了花园里。

（3）观察兔妈妈

妈妈变成了园丁，扛着锄头，挎着篮子，来给小花施肥、浇水、除草，培育小花茁壮成长！

（4）引导想象

呀！小兔子要飞走啦！尝试用兔妈妈的口吻说话：如果你变成_____，我就_____。

5. 第五组图——小兔子变成小鸟

（1）引导猜想

仔细看，小兔又变成了什么？妈妈变成了什么？

（2）观察小兔

小兔变成了一只小鸟，想要飞到天上去。

（3）观察兔妈妈

在广阔的田野里，兔妈妈变成了一棵妈妈树，她就这样站着，等着，张开双臂，随时接住飞累了准备休息的小兔。

6. 第六组图——小兔子回家

（1）感悟母爱

最后，小兔成功逃家了吗？瞧，这就是小兔的家。你觉得小兔的家怎么样？软软的沙发，暖暖的炉火，柔柔的灯光，还有疼他爱他的妈妈，多么温馨而又舒适的家啊！

（2）引导观察

瞧，小兔子依偎在妈妈的怀里，这画面多温馨啊！现在的小兔还想逃家吗？看看画面上，星星亮了，月亮圆了，稻草人笑了，小兔和妈妈在一起多么幸福啊！

（三）**复述读**

先让学生看图复述，然后引导学生脱离绘本进行复述，最后还可以让学生配上动作、表情等来复述。

（四）**延伸读**

拓展阅读几米的《不爱读书不是你的错》系列绘本以及《爷爷一定有办法》《猜猜我有多爱你》《我爸爸》《爱心树》等绘本。

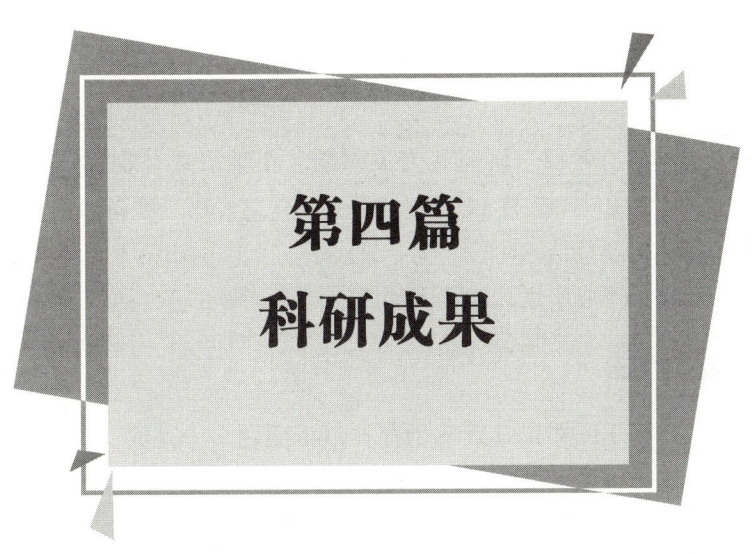

第四篇
科研成果

精讲导读　求简求真

——"小学语文有效教学策略研究"结题报告

佛山市"中小学有效教学研究"专项课题"小学语文有效教学策略研究"于2010年4月立项，2010年12月14日正式开题，现已经历了准备和培训、整体推进和典型课例研究、课题总结三阶段。为整理过去三年佛山市第九小学探索实践的足迹，梳理所思所行、所成所悟，现代表课题组对课题研究进行回顾和总结。

一、课题的提出

新课改以来，小学语文课堂教学仍存在以下问题。一是虚，语言训练不落实、不到位，花花动作多，花拳绣腿多。二是闹，课堂上热热闹闹，没有给学生思考的余地，也没有给学生质疑的机会。三是杂，语言文字训练不落实，课堂上吹拉弹唱尽显其能，却与语文本身没有多大关系。四是偏，轻视"双基"——基础知识、基本技能，尤其轻视基础知识的传授；还反映在弱化教师职能，不敢严格要求学生，廉价表扬，普遍肯定。总之，小学语文教学"少、慢、费、差"的状况还未得到根本性改观，存在"虚、闹、杂、偏"的现象，很多课堂仍存在繁琐分析、耗费时间的现象。可以说，堵不住繁琐分析的路子，就难以迈开语文教学改革的步子。

因此，有必要通过本课题研究，形成有效教学基本策略，发挥语文课堂的育人功能，落实"转变教师的教学方式和学生的学习方式"的课改要求，促进师生在课堂上的主动发展和课外的主动阅读。

二、课题界定及理论基础

（一）课题界定

"有效教学"的价值取向是"促进师生主动成长"。本课题研究就是聚焦小学语文教学"少、慢、费、差"的诟病，运用"精讲导读"的基本策略，引导老师向繁琐分析"说再见",将更多时间用来读书积累,引导师生爱读书、多读书、读整本书,从战略高度来解决小学语文教学的有效性问题。

(二) 理论基础

(1) 叶澜教授在《让课堂充满生命活力》《重建课堂教学价值观》《重建课堂教学过程观》等文中,提出"课堂价值、生命课堂、动态生成"等关键词,为我们从师生生命成长的层面探索教学有效性提供了理论指导意见。

(2) 建构主义认知心理学说为本研究提供了心理学依据。建构主义认知心理学强调以学生为中心,强调学生主动探索、主动发现和对所学知识意义的主动建构。

(3) 语文课标中指出,应遵循学生的身心发展规律和语文学习规律,选择教学策略;逐步培养学生探究性阅读和创造性阅读的能力,提倡多角度的、有创意的阅读,利用阅读期待、阅读反思和批判等环节,拓展思维空间,提高阅读质量。

三、研究目标与内容方法

(一) 研究目标

侧重探讨小学语文阅读教学策略,相机探讨小学作文教学策略。

(二) 研究内容

阅读教学以"精讲导读"为主教学策略,形成"整体感悟、节点切入、上挂下联、回归整体"的有效阅读教学基本课型;作文教学以"回归童真"为主教学策略。探讨生活情境的激活体验策略和读写结合的模仿迁移策略,形成童真作文教学特色。

(三) 研究方法

研究方法主要是行动研究法。从分析影响常态课堂教学有效性的问题入手,着力于转变教师课堂教学的价值取向和行为方式,以"真、实、活"为有效课堂的评价取向,通过改变教师的专业生活方式来提高教学有效性,建立有效课堂教学的基本操作策略。

四、研究思路与措施

(一) 基本思路

采用"问题—实践—反思—重建"的操作模式,实现教师专业发展水平的螺旋上升。每阶段的研究从问题开始,引导教师反思常态教学,提炼关键问题形成研究专题。每个专题研究都在有效教学理论的指导下,形成解决问题的假说,选取典型课例开展实证研究,通过对课例多次实践,寻求研究专题的规律性认识。

（二）基本措施

（1）以更新观念为先导。以叶圣陶、张志公等教育家的语文教育文集，韩兴娥的"海量阅读"、陈琴的"素读"等理论经验为主，结合《小学语文教师》《小学语文》等专业刊物，建立理论与实践协同的校本研修制度，使研究成为教师的自觉。

（2）以教师培训为保证。一是专家跟进，邀请庞健行、姚淑华、邹武林等小学语文教学专家为研究提供互动式跟进型的专业引领。二是协同研究，通过佛山祖庙学区的教育共同体平台，合作研究，互促共进。三是活动推进，组织开展校内常态化的专题研究活动和校际间的定期专题交流活动。四是组建教师互助共同体，将研究融入教师日常生活。五是读书引领，开展读书分享交流，促进教师专业发展。

（3）以全员参与为基础。开展"四个一"教研：即每人每学期围绕专题上一节研究课，有一个体现个人风格的教学案例、一篇教育反思、一篇教学论文。科研小组成员深入课堂听课，倾听学生呼声，培育典型个案，展示和解析优秀课例。

（4）以书香师生为旨归。将繁琐分析减下来，将课外阅读"挤"进课堂教学；借助读书节、读书吧、广东省诗歌节、经典诵读等活动，营造读书氛围、推荐优秀读物、分享读书心得、建设书香校园，引导师生成为儒雅之人。

（5）以优化管理为保障。完善研究组织，加大投入，优化日常管理，建立"课题即工作，工作即研究"新机制，营造"安心学习、静心研究、潜心育人"环境。

五、研究过程

（一）首期培训和启动阶段（2010年4月—2011年2月）

（1）收集国内外关于语文有效教学策略的资料，成立课题组，制定研究方案。

（2）完成全员培训和前期调研。通过与师生交谈、听课议课、查阅作业、分析试卷等形式了解师生语文教学的现状。

（3）深化教师培训。以语文教研来推进话题式理论培训，通过外出学习开阔眼界，引导教师认同"大语文"教学观，懂得语文教学"举三反一"的基本规律。

（二）整体推进和典型课例研究阶段（2011年3月—2013年2月）

1. 开展"向繁琐分析说再见"主题探索活动

2011年9月始倡导"向繁琐分析说再见"的实践探索。推进课内大量阅读的"精讲导读"教学策略实践；探讨单元相似课文整合教学、一篇课文带多篇课文教学。

（1）教材层面。倡导大容量、大诵读。一方面，课文中要求"背诵喜欢的段落"的，要求背诵全篇；拓展语文园地"读读背背"中古诗词的节选诗词；整理课本内延伸的原著或推荐书目，引导学生阅读和分享。另一方面，补充古代经典，推荐诵读丛书：一年级诵读《三字经》《百家姓》；二年级诵读《弟子规》《龙文鞭影》；三年级诵读《笠翁对韵》《孟子》；四年级诵读《大学》《中庸》、宋词节选；五年级诵读《论语》《道德经》；六年级诵读经典散文、儿童文学作品。

（2）教研层面。引导反思教学上的"无效、低效、负效"行为，将主要问题提炼成研究专题，确定研究课例，并对典型课例开展"一课多案"和"一案多课"等形式的交流。

（3）教法层面。①经典诵读：日诵、周总、月结；激发兴趣、略作解释。②课内阅读教学：大容量、精讲；以"精讲导读"为主教学策略，侧重在单元整体教学、同类课文整合对比教学等方面作突破。例举：2011年10月21日，举行"向繁琐分析说再见"课题探索活动，佛山市内各区200多人参加。其中彭艳媚老师从文化课堂的视角执教课例《长城》；刘飞鹏老师和赖明霞老师对《穷人》进行了同课异构教学。课例展示完毕，由执教老师说课、现场老师议课、专家小结点评三方面进行互动研讨。

2. 开展诗歌教育、经典诵读及书香节系列活动

借助2012年广东省小学生诗歌节契机开展诗歌教学，引导学生读诗、诵诗、仿诗、创诗。90%以上学生参与，参赛作品质量较高，获奖率高。推行经典诵读活动，开展阅读指导、读物推荐、阅读分享、读书汇报等系列活动，不定期举办学生诵读表演、师生演讲辩论活动，让书香迷漫校园。

3. 开展写字教研活动

开设丘荣泰写字指导课，实施现场视频教学。开展"五个一"写字常规活动：即每日十分钟写字、每周一次班级写字课、每月一次写字练习本检查、每学期一次全校性写字竞赛、每学年一次写字成果展示。

（三）课题总结阶段（2013年3月—2013年12月）

全面分析总结典型课例和专题研究资料，整理典型案例和研究成果，完成终期成果《精讲导读、求简求真——〈小学语文有效教学策略研究〉课题成果荟萃》的汇报材料。

六、研究成效及反思

（一）研究成效

1. 形成了小学语文有效教学基本策略

（1）形成了"精讲导读"的整体策略。"精讲"须少讲；"导读"是引导学生读书和诵读。读书，即让学生热爱阅读，"读万卷书，行万里路"。诵读，即让学生诵读经典美文，注重熟读成诵。实现七个转变：一是从以字、词、句、段、篇为抓手，转变为以听、说、读、写、思为抓手，且以读书为主。二是从深挖关键词、重

点句分析，转变为按课后问题开展实践活动。三是从教师唱主角转变为教师引导、学生动口动手动脑。四是从只言片语的师问生答，转变为系统回答课后问题。五是从课内不足课外补，转变为不设预习，不留课外书面作业，全部学习活动在堂上完成。六是从教学过程刻板化转变为"动态生成"。七是从只管讲道理转变为教师示范书写、背诵，尤其是范读课文，参与全班学生讨论。

（2）形成了二次开发的前移策略。以课前调研推动教学设计变革。课前调研包括教材的二次开发、学生的细心解读。引导教师研读本学科小学阶段的全套教材，整体把握学科教材体系，对教材进行"二次开发"；同时，通过对班级学生的调研把握学生整体状况，增强教学设计的针对性。

（3）形成了反思重建的后续策略。做到每次课例研究有反思，每个问题解决有重建。反思围绕五要素开展：即教材处理的科学性、学生解读的准确性、教学预设的合理性、课堂组织的有效性、教学生成的及时性。重建要做到三落实：即明确产生问题的原因、找到解决问题的策略、拿出解决问题的方案。

2. 学生学习成绩及综合素质均得到提升

本项目基本达到了预期研究目的，学生对教师和学习有一种健康向上的情感，学业成绩有了较大提高，综合能力得到发展。由表4-1可知，在实施课题研究后，学生语文学业成绩基本稳定，并有较大提高。

表4-1 研究前后期末考试全校学生语文成绩对比

项目 年级	2010学年度下学期			2012学年度下学期		
	平均分/分	合格率/%	优秀率/%	平均分/分	合格率/%	优秀率/%
一年级	94.6	98.6	94.4	97.0	100.0	99.0
二年级	94.4	100.0	98.1	96.9	100.0	98.9
三年级	92.5	100.0	95.7	94.3	100.0	99.0
四年级	91.4	99.5	96.2	94.5	100.0	99.1
五年级	89.8	99.2	92.9	90.4	99.1	93.9
六年级	86.4	100.0	88.0	89.6	99.5	96.3

由表4-2可知，学生对待语文学习呈积极态度，绝大部分学生对老师呈现出积极健康的情感。课题研究引发了学生学习方式的转变，学生积极参与课堂教学。

表4-2 对教师、教学和语文学科兴趣的调查

项目 数据 学科	老师经常的表情			你对老师教学的评价			你对语文学科学习的兴趣		
	笑眯眯	无表情	板着脸	好	一般	差	喜欢	一般	不喜欢
语文	93%	5%	2%	90%	8%	2%	91%	7%	2%

学生的语文综合素养得到全面提升，表现在：全校形成了爱读书的良好氛围，在学业成绩上，每学期语文成绩在区内同级小学中名列前茅；在各级各类语言文字类竞赛中成绩喜人，获国家级奖项39项，省级奖项25项，市级奖项27项，区级奖项90项。

3. 教师的教学风格得到凸显

部分老师已初步形成特色鲜明的教学风格，如曾中文的"精讲导读、求简求真"，曾楹莹的"语言清晰、以点带面、重点突出"，彭艳华的"简要、平实"，黄惠芳的"教态亲、语言活、思路清"，蓝晓丽的"善诱导、多情境、重语感"，彭艳媚的"求实效、互动活"等。在师生关系上，老师能融入学生，蹲下来与孩子交流，创设充满生活情趣的情境，善于捕捉动态的教学资源，放手让学生交流和互动。

4. 各类竞赛或评奖成绩喜人

在研究过程中，师生的能力都获得了提高，反映在各级各类竞赛活动中，学校、师生取得的成绩无论在数量或等次上都有较大提高。表4-3、表4-4是近年来学校师生获得的奖项情况。

表4-3　近三年学校及师生语文类获奖统计

奖项级别	国家级	省级	市级	区级
学校	1次	2次	3次	3次
老师	19人次	6人次	5人次	41人次
学生	19人次	17人次	19人次	46人次

表4-4　近三年教师发表语文论文例举

作者	文章题目	刊载刊物或网络平台	发表时间
何粤嫦	《对话让课堂教学焕发光彩》《让学生在作业中放飞——谈学生分层作业布置》	人民教育出版社人教网	2008-10-17
	《精彩极了和糟糕透了》《慈母情深》《花钟》《怀念母亲》等教学设计		2009-2-19
曾中文	《作文要先让学生"说"起来》	《师道·教研》，4B第110期	2010-4-30
	《还原本色，返璞归真》	《广东教学》，第1639期	2010-7-24
	《把"差生"从教育辞典中抹去》	《中国教育报》，第6版	2011-1-14
	《追问：课堂文化的教师自我觉醒》	中国教育学会中小学整体改革专业委员会第16届学术年会校长论坛	2012-5-11
	《日常教学变革引领教师自主发展》	《教育》，旬刊，总第314期	2014-11
曾春玲	《创设情境，提升素养》	《广东教育》	2014-5

5. 研究的整体成果得到凸显

学校先后获得禅城区国学经典示范点、广东省诗歌教育示范校、广东省语言文字规范化示范校等称号。初步形成了以"精讲导读"为特征的语文课堂"简约"风格；形成了"以汉字书写为重点、以习惯养成为旨归"的"写字"特色；以"经典诵读"为主线、以"说读诵演"为途径的"诵读"特色。其中，依托"视像中国"远程互动平台，参加网络普通话、粤语辩论赛和读书交流系列活动，展示辩论才能，多名学生获评最佳辩手。其次，依托小主持社团、诵读组、铁军剧团、辩论组等社团活动锻炼学生才干、展示学生才华。

(二) **体会与反思**

1. 善于将理论转化为生动活泼的教改实践是关键

本研究实施整体规划、分步推进、重点突破的实践策略，让教师参与课题管理和实践，体验到自身价值的实现，激发其责任感。此外，项目主持人深入教学实践，去指导、点化、调控，并不断总结提升经验，及时转化为教学常态。

2. 将有效教学理念转化为实践智慧是重点

本研究对教师提出了新的挑战，例如对教材育人价值的研读、对学习过程的实时解读、教学对策的及时生成、实践经验的总结提升等。一旦教师能应对这种挑战，化解研究过程的各种矛盾，激发自身不断地学习、实践，就必定能迅速提升教师的学科专业素养。

3. 进一步的反思与探索

在研究中，虽然对小学语文有效教学策略进行了理论研究和实践探索，但对量化的数据研究还不够；对学生学习状态的个性差异关注，对有效课堂教学的评价等问题，都有待更深入的实践、探讨和攻坚。接下来，我们将聚焦"精讲导读"的教学策略，引进主题单元教学实验成果，尝试用三分之一的时间用来学习必修教材，用三分之二的时间用来拓展学习、补充教材，达到一个学期课内阅读100万字的目标。

小学语文教学中传承中华优秀传统文化的思考与探索

这是一个变化的时代。在"粤港澳大湾区"战略的大背景下,全球化、信息化以及知识经济迅速发展是当前全球教育发展的重大特征,如何培养人才、培养怎样的人才、如何坚守民族文化的根培养文化自信的人才?这些成为每一个小学语文教育工作者必须思考的问题。"文化自信"人才的培养关键在语文教师,关键在传承中华优秀传统文化中推进教师专业发展,从而培养一大批具有民族情怀、国际视野、善于跨文化沟通、理解、合作的"文化自信"人才。

一、传承传统文化的现实困境

目前,一方面国家高度重视传统文化的传承与创新,另一方面传统文化教育现状不容乐观。这两方面形成巨大的反差,与此同时,多元文化教育已成为各国教育发展的趋势,在经济全球化中占主导优势的西方社会在文化话语体系中也占有优势,这无疑会在一定程度上造成中国优秀传统文化的传承困境。这三方面交织在一起,无不考量着我们传承传统文化的教育智慧。

在国家层面,倡导民族自信、文化自信,国家不断出台传统文化的相关文件。2014年3月教育部颁布《完善中华优秀传统文化教育指导纲要》,指出小学低年段应"初步了解汉字、诵读浅近的古诗、初步了解传统礼仪";小学高年段应"练习正楷字、诵读古代经典篇目、培养学生对传统体育的兴趣"。2017年1月25日,中共中央办公厅、国务院办公厅印发《关于实施中华优秀传统文化传承发展工程的意见》,明确指出"要将中华优秀传统文化传承贯穿国民教育始终"。2017年10月18日,党的十九大报告中明确要求:"深入挖掘中华优秀传统文化蕴含的思想观念、人文精神、道德规范,结合时代要求继承创新,让中华文化展现出永久魅力和时代风采。"

党的十八大以来,习近平总书记曾在多个场合提到文化自信。在建党95周年庆祝大会的重要讲话中，习近平总书记再次强调要坚持文化自信，其语境更为庄严，观点更为鲜明，态度更为坚决。习近平总书记指出："文化自信，是更基础、更广泛、更深厚的自信。在5000多年文明发展中孕育的中华优秀传统文化，在党和人民伟大斗争中孕育的革命文化和社会主义先进文化，积淀着中华民族最深层的精神追求，代表着中华民族独特的精神标识。我们要弘扬社会主义核心价值观，弘扬以爱国主义为核心的民族精神和以改革创新为核心的时代精神，不断增强全党全国各族人民的精神力量。"

在课程层面，《语文课程标准》明确指出："语言文字是人类文化的重要组成部分，工具性和人文性的统一是语文课程的基本特点。"强调在语文教学过程中，要让学生"继承和弘扬中华民族优秀文化传统和革命传统，增强民族文化认同感，增强民族凝聚力和创造力"。小学语文教材中选入了中华民族文化大量经典，包括老子、孔子、庄子、荀子、墨子等伟大的思想家和屈原、司马迁、陶渊明、李白、杜甫、苏轼、陆游、关汉卿、曹雪芹、鲁迅、郭沫若等文学大师的经典作品，涉及《诗经》《论语》《孟子》《离骚》《史记》、"唐诗宋词元曲"及《水浒传》《三国演义》《西游记》《红楼梦》等艺术精品。教材从中精选的上百篇佳作，虽只是沧海一粟，但通过学习，不仅可使学生掌握丰富的语言文字知识，而且可从不同时代、不同体裁的珍品中感受到我国悠久的历史文化脉搏，受到文化熏陶和人文精神陶冶。我们对语言文字的解读，其实是对文化的解读。

在课程实施层面，目前在国外开设的孔子学院和孔子课堂中学习和传播中华优秀传统文化开展得如火如荼。截至2018年12月，中国已在154个国家和地区建立548所孔子学院和1193个中小学孔子课堂，现有注册学员210万人，中外专兼职教师4.6万人，遍布世界各大洲和地区。在国内，1998年中国青少年发展基金会发起并组织实施中华古诗文经典诵读工程；我国台湾王财贵教授在大陆地区倡导读经典多年；民间各地的国学堂、经典私塾遍地开花；各个省、市、区的图书馆极力倡导全民读书活动，尤其是致力于中华传统文化的传播。全国各地在语文教学中传承传统文化的实验已开展多年，孙双金、王崧舟、窦桂梅等全国小学语文教学名师，他们所在的学校都是传承中华传统文化的典范，陈琴老师倡导的"素读"经典教学法得到各位专家的认同。

在一线的教育实践层面，传统文化教育虽然亮点纷呈，但整体现状不容乐观。2016年，山东省教育科学研究院曾对该省1.3万所中小学传统文化教育情况"摸底"，调查结果并不乐观。其中有47.77%的受访者认为"对传统文化教育的规律性认识不足"，42.01%的受访者认为"教学途径和教学方法单一枯燥"，24.91%的受访者认为"学生没有兴趣，缺乏热情"，16.36%的受访者认为"家长怕影响课业不支持"……温儒敏教授曾坦言，从小学到高中，语文课程中古诗词和文言文的内容大约占课文总量的四分之一，甚至三分之一。大量的古诗词和文言文进入语文课堂，却收效甚微。传统文化经典"不进脑""不走心"，凸现了传统文化的尴尬处境。

此外，教育西化现象冲击着传统文化。一方面，西方文化通过显性文化传播和隐性文化渗透，撼动着中国传统文化的历史地位。例如，很多孩子对西方节日风俗"如数家珍"，对春节、端午节、中秋节等中国传统节日的文化风俗，除了吃饺子、粽子、月饼，其他鲜有了解。另一方面，文化自卑心态时隐时现，失信于中国传统文化的言论依然在不同程度上存在。

二、以校本培训提升传统文化素养

破解以上困境，关键在强师。而现实是，具备较好传统文化素养的老师不多，即使是多数小学语文教师，也没有完整读过"四书"，对教学古诗文不可或缺的"文字""训诂""声韵"等知识也知之甚少，这会直接导致传统文化教育水平整体较低。为此，我校首先抓通识型的校本培训，开展系列化的凸显传统文化教育主题的校本培训，包括讨论"德是什么？文化是什么？传统文化是什么？中华优秀传统文化的内容是什么？传承中华优秀传统文化的什么？怎样传承中华优秀传统文化？"等问题，开展《大学》导读、《论语》导读、文化再造与课程创生，等等，引导教师主动学习、立德修身、仁爱达人，引导教师自觉传承、回归课堂、勇于实践。

（一）引导教师立德修身、仁爱达人

通过"通识培训＋自主研修＋专家引领"的系列校本培训，整体提升教师传统文化素养，引导教师们理解，教育做到极致就是一种文化，是一种无形的影响。传承中华优秀传统文化的重心不在于知识传授，而在于人格培养和道德教化。读《论语》，体会仁、义、礼、智、信；读《庄子》，感受道法自然；读《墨子》，学习兼爱、非攻……理解了优秀传统文化的内涵，青少年才能建立健康的是非观和义利观。

与此同时，引导教师立德修身、仁爱达人，做一个教育的智者、仁者和勇者。

怎样做一个教育的智者？就是"每日一知道、每日一清心"。从字面上看，"智"即"知＋日"，每日一知道；"慧"即"彗＋心"，每日一清心。教育"智"者在于每日不断增长见闻与学识，保持精神丰满；教育"慧"者在于每天不断清扫内心的"垃圾"，保持内心的平静。要做到"每日一知道"，就要坚持读书学习。既要读有字书，又要读无字书；既要向书本学习，又要向广阔的社会学习；既要向历史和经验学习，又要向古今中外的优秀文化学习，更要向孩子们学习，了解他们的成长状态和精神面貌，了解他们的率真纯朴和内在潜能。要做到"每日一清心"，就要坚持三省吾身：为人谋而不忠乎？与朋友交而不信乎？传不习乎？只有以智慧

启迪智慧，用爱心唤醒爱心，才能摒除浮躁、浮夸、虚浮的教育现象，真正让教育还原本色，返璞归真。

怎样做一个教育的仁者？就是把平常的小事情做彻底。"仁"隐藏着巨大的生命密码和道德力量，但为什么我们看不到仁的力量呢，是因为我们没有做到彻底。在哪些日常事情上做到彻底呢？借用孔子讲的四件事：一是"出门如见大宾"。老师对待每一个学生应无分别，都像对待"大宾"一样充满热情和真诚。二是"使民如承大祭"。每一个学生都很重要，要推动每个学生主动学习、自主管理，要求老师心怀恭敬之心，虔诚地对待每一个鲜活的生命个体。三是"己所不欲，勿施于人"。仁者爱人，就是行忠恕之道，你希望别人对你怎么样，你就对别人怎么样。凡是要求学生做到的，教师首先要无条件做到。四是"在邦无怨，在家无怨"。教师自己在口出怨气前，只要想想"如见大宾"的尊敬与热情、"如承大祭"的肃然起敬、"己所不欲，勿施于人"的同理心，就会把自己的怨言和批评指责都清理没了。一旦做到了这四条，"仁"就会在老师身上释放出光芒，而每一个老师也就成为一个有光的人。

怎样做一个教育的勇者？不仅仅探寻教育的本质，更要亲身实践，主动变革日常教育教学实践，以一片纯洁的教育情怀，辅以"遇山开路、遇水搭桥"却又"游刃有余"的行动力，教育的改变也在于此。

（二）引导教师明确是什么、传承什么

中华优秀传统文化博大精深，分为理性生活一脉和灵性生活一脉，两脉同行，构成完整的中国文化系统。前者比如儒、释、道：《大学》《论语》《孟子》《中庸》《道德经》《易经》《庄子》《金刚经》《六祖坛经》《传习录》《呻吟语》《孙子兵法》等约20部经典，以儒为主，兼容释、道及诸子百家；后者如《诗经》、唐诗、宋词、元曲、明清小说等。前者解决人的安身立命与精神骨骼问题，后者解决人的灵性生活与怡情养性问题。

经典是我们的圣贤，是用来打通心路的，有时践行并悟透其中一句话，一辈子都受用不尽。例如，《大学》里讲"止定、静安、虑得"——"知止而后有定，定而后能静，静而后能安，安而后能虑，虑而后能得。"知止，是知道自己要什么、要到哪里去以及知道自己的边界，有些事能做，有些事不能做，有方向感、目标感又有边界感。一旦能"止"，就会志有定向，人就踏实、心定、心静了，就可以安心地思考、认真地做事、及时地反思，从而有所收获和体悟。当前许多人不安心、揪心痛苦，皆源于不能"知止"，难以静心。又如《论语》中讲道："弟子入则孝，出则悌，谨而信，泛爱众而亲仁。行有余力，则以学文。"这句话也是《弟子规》所要阐述的主要思想，跟国家所倡导的"立德树人"如出一辙。假如一个学生能做

到在家孝顺父母长辈，在外友爱兄弟同学，做事谨慎而有诚信，广泛关爱身边的每一个人，亲近有仁德的人，则这样的学生一定是人格健全、素质优良的人。再如《孟子》讲到"天将降大任于斯人也，必先苦其心志，劳其筋骨，饿其体肤，空乏其身，行拂乱其所为，所以动心忍性，曾益其所不能"，其中讲的是一个堪当大任的人的成长需要经历"苦、劳、饿、拂乱、空乏"等的磨难，才能锻炼成一个内心强大、性格坚毅的人。或者换一个角度讲，只有拥有大担当的人，才乐意去迎接各种磨砺和挑战，才能不断勇猛精进，从优秀走向卓越。《中庸》谈到"人一能之，己百之；人十能之，己千之。果能此道矣，虽愚必明，虽柔必强"，则是治懒病的良方。"别人做一遍能做到的，我做一百遍；别人做十遍能做到的，我做一千遍。果真这样做，即使愚笨的人也一定变得聪明，即使柔弱的人也一定变得坚强。"这个就是戒懒，就是不自欺欺人，下足笨功夫。古代的工匠精神之所以在当下未能很好地传承，原因之一就是现代人缺少这种"下笨功夫"的坚守。

传承什么？传统文化教育应包括立足于"天人合一"的生态文明教育，立足于"修身养性"的人格修养教育，立足于"仁爱和谐"的社会关爱教育，立足于"家国情怀"的爱国主义教育。中华优秀传统文化的教学重心不在于知识传授，而在于人格培养和道德教化，旨在端正孩子们的世界观、人生观、价值观，从而培养他们的民族情怀和国际视野。希冀通过传承，让中华优秀传统文化活起来、传下去，让民族文化血脉相传。

（三）引导教师回归课堂、追问反思

"有理想信念、有道德情操、有扎实学识、有仁爱之心"之"四有"教师的提出，拷问着每一个教师的综合素养和道德底线。我校引导教师回归三尺讲台、回归课堂教学主阵地，通过不断的追问来呼唤教师的文化自觉，呼唤教师主动变革的意识和自我探究的动力，从而带来课堂教学行为点滴的改变，回归教育的淡定和宁静，重现教育的生机与活力。

追问一：我有怎样的教育观？教育是什么？培养什么样的人？怎样培养人？教师的教育观将直接影响着教师的课堂教学行为。

追问二：我能时时处处做好示范吗？教师要求学生做到的，自己能首先无条件做到吗？能时时处处做好学生的示范吗？我的知识储备够用吗？我能将阅读作为一种生活习惯吗？我能将研究作为一种工作方式吗？我能将创新作为一种品质追求吗？我对所任教的学科知识体系和学科课程标准清晰吗？

追问三：我上课前都有好的心情吗？人是感情动物，谁会没有喜怒哀乐？人是一个复杂的社会人，谁会没有一本难念的经？上课前是否将不好的心情带进了课堂？上课前是否想着怎样万般无奈地应付完一节课？是否想着怎样痛苦地面对令自

己束手无策的学生？

追问四：我的直觉判断能力如何？当教师走进课堂，面对一双双求知若渴的眼睛，面对着一颗颗稚嫩的心灵，是否有敏锐的直觉判断能力？

追问五：上课时，我关注学生什么？上课时，是关注学生表面的热闹、虚假的兴奋，还是关注学生内在的收获、真实的体验？是关注学生都懂了、都会了，还是关注学生带着问题走进教室、又带着新的问题走出教室？是关注学生的听话乖巧、服服帖帖，还是关注学生对权威、对课本的挑战？

追问六：我能挠到学生的"痒处"吗？每个人都有一些生理上的神经敏感区，如腋肢窝、脚板心等。同样，学生学习上也会有"痒处"，或称学习兴趣点，如何才能找准学生学习的"痒处"呢？

追问七：我怎样对待学生的错误？课堂中，学生往往会出现这样或那样的错误，教师应怎样对待呢？老师应把错误或问题抛给学生，引导学生去探究。做到错误让学生发现，方法让学生归纳，思路让学生述说，通过"错误教学"来活跃课堂气氛，让学生在错误中进步。

追问八：我能让每个孩子感到安全吗？老师每一次真诚的微笑，能唤起学生沉睡的自信；每一个深情的注视，能给予学生莫大的鼓励。假如给从未回答过问题的学生一次回答的机会，并上前拍拍学生的肩膀，就能让学生感到一股暖流涌上心头，这难道不是一件很美妙的事吗？

……

三、以课改实践探索有效传承策略

以课堂教学为主渠道，以丰富多彩的校园生活、课外实践为途径，聚焦广东省"十九大精神专项"科研课题《小学语文教学中传承中华优秀传统文化的有效教学策略》，开展课改实践，探索传承传统文化的有效教学策略。

一是形成教材整合策略，构建以贯穿传承中华优秀传统文化为主线的小学语文教材体系。形成"人民教育出版社教材＋推荐阅读书目＋古诗文经典"教材体系，一年级拓展阅读《三字经》《百家姓》《千字文》；二年级拓展阅读《弟子规》《龙文鞭影》《古诗80首》；三年级拓展阅读《声律启蒙》《笠翁对韵》《古诗80首》；四年级拓展阅读《大学》《中庸》、宋词节选；五年级拓展阅读《道德经》《孟子》、宋词节选；六年级拓展阅读《周易》《论语》及经典散文。具体做法是，拓展整合教材，即整合人民教育出版社小学语文教材、推荐阅读书目以及国学经典书籍，并开展"向繁琐分析说再见"的精讲导读课堂实践研究，开展"童子功"背诵常规经典诗文活动研究。其中，关键要指导教师重构课程体系和课堂范式，依据教材单元主题分析单元的重点和难点（包括字词的运用、语言的感悟和品味、文章的写法和表达、文章的内容和情感）等的内在联系，进行主体材料的建构，将教材的一个单元或一篇文章作为一个主题，从而引导学生搜集并阅读与所学文章或单元教学的重点相关、相近、相似或相对的多篇文章，在大量的阅读中丰富学生的认识、情感与体验，创造与文本交流、对话的氛围和条件，形成思维碰撞，产生情感升华、价值提升。

二是形成精讲导读教学策略及"不求甚解"诵读策略，探索小学语文教学中传承中华优秀传统文化的教学范式。依据小学生记忆力强、理解力弱的生理特点，引导学生用2/3的课堂时间学完教材，其余1/3时间自主阅读推荐书目及诵读古诗文经典。其中，宜形成精讲导读单元教学法的基本程序及变式，如单篇课文教学、两篇对比阅读、一篇带多篇、多篇合一点等。

三是形成回归人性的创造性转化策略。采取浸润式、体验式、陶冶式方法，完成中华优秀传统文化的儿童转化，让学生喜读乐诵，达成六年诵十万字、读百部书的目标（即每年约诵17万字、读17本书）。并创新中华传统节日活动，让中华的传统节日成为传承中华优秀传统文化的有效载体，让学生的日常生活实践因中华优秀传统文化的浸润而焕发异彩。

近年来，学校书香校园氛围浓厚，成为一所上级肯定、家长满意、学生喜爱的窗口式学校。先后荣获"中国可持续发展教育国家实验学校""广东省诗歌教育示范学校""广东省信息化中心学校""广东省绿色学校""广东省少先队红旗大队""禅城区国学经典示范点校""禅城区品牌标杆学校"等荣誉称号，涌现出市、区名师及骨干教师10多名。学校成立了一个区级语文名师工作室，一线小学语文教师初步学会传承传统文化的"实招"，培养了一批乐于学习和传播中华优秀传统文化的教师。学生乐于在小学语文学习中体验中华文化之旅，民族文化认同感强，学生优质的素质尤其是书香气质得到了家长的广泛认可及社会的普遍赞誉。

培养质疑能力　点燃创新火把

——小学语文教学中学生提问的行动研究

一、问题的提出

头脑不是一个要被填满的容器,而是一支需被点燃的火把。基础教育的目的就是要使这个火把在良好的环境中实现"星星之火,燎原大地"。作为基础教育的重点学科之一——小学语文学科,有必要在培养学生的创新意识、创新精神和创新人格上开辟一片新的天地,而提问能力的培养乃是其切入点。倘能充分调动学生的积极性,引导学生敢于提问、勤于提问、乐于提问、善于提问,则可最大限度地激发学生的创造潜能,点燃学生创新的火把,为把学生培养成自主探索、勇于挑战的创新人才奠定良好基础。

(一) 时代呼唤创新

创造能力的培养已成为当今世界教育的突出主题,创造力是一流人才和二流人才的分水岭。整个人类的历史从某种意义上说就是一部创造发明的历史,在科学技术迅猛发展、经济竞争日趋激烈的当今世界,一个国家和民族的创造水平如何,已成为决定其荣辱兴衰的重要因素。因此,国家的建设、民族的振兴、经济的发展、科技的崛起和社会的进步,都呼唤着思想解放、富有开拓精神的创新人才的产生。

(二) 创新始于提问

中国历代的许多教育家、文学家都很重视对质疑能力的培养。孔子很早就提出了"每事问"的主张,强调提问在思维和学习中的重要作用,《论语》是孔子和他的学生就社会科学所做的讨论。屈原的第二长诗《天问》就是由一口气提出的172个问题所构成的。朱熹说过:"读书无疑者,须教有疑;有疑者,却要无疑,到这里方是长进。"胡适1932年为北大毕业生开的三味"防身药"中,第一味就是"问题丹"。他说:"脑子里没有问题之日,就是你的知识生活寿终正寝之时!"陶行知曾在一首诗中写道:"发明千千万,起点是一问。"

一部科学发展史,就是对奥妙的探索和对问题的解答的历史。英国哲学家波普尔认为,科学的第一个特征就是"它始于问题,实践及理论的问题"。他甚至认为,"科学知识的增长永远始于问题,终于问题——越来越深化的问题,越来越能启发新问题的问题。"爱因斯坦也强调:"发现问题和系统阐述问题可能要比得到解答更为重要。解答可能仅仅是数学或实验问题,而提出新问题、新的可能性,从新的角度去考虑老问题,则要求创造性的想象,而且标志着科学的真正进步。"

(三) 现状堪忧

当前小学语文课堂教学中,学生提问的现状不容乐观。问题主要表现在:学生问题意识差,几乎无问题可问;即使能提出问题,提问的质量也大多数不高。笔者曾经针对学生课堂提问的现状,在54名学生中进行问卷调查,结果显示:44名学生感到课堂上没有问题可问,占被调查学生的81%。究其原因,主要是长期以来,对教学研究的重心,更多的是放在教师的"教",而较少关注学生和研究学生的"学"。同样对于"提问",更多的是关注和研究教师如何提问,较少研究如何让学生学会提问。

二、质疑能力培养的第一阶段

(一) 目标与途径

目标:营造提问的氛围,初步养成提问的习惯。
途径:从课堂教学入手,探求培养提问能力的基本途径。

(二) 行动策略

1. 初步构建了培养提问能力的"导读引疑"课堂教学模式,即"导读激疑→导疑定向→导法解疑→导评存疑"

(1) 导读激疑:老师讲求提问技巧,创设问题情境,激发学生的兴趣和疑问。

(2) 导疑定向:①质疑。学生自读课文,读后汇报:知道了什么?不知道什么?还想知道什么?②集疑。即听取和归纳学生的问题。③辨疑。小组讨论,解决部分浅易问题。④选疑。筛选出重难点问题,确定本课教学目标。

(3) 导法解疑:解疑的途径有:①个体探究;②小组合作;③全班交流;④诵读巧练。导法解疑是模式的关键部分,要求注重个体解疑的自主性、差异性、多样性,做到以疑促读、以读促思、以思促议、以议促练、以练促解。

(4) 导评存疑:引导学生评价、反思、品味,并有意留下部分问题给学生课外解决,保持学生探究问题的"惯性",培养学生"打破砂锅问到底"的求学精神。

2. 形成了运用模式的基本策略

（1）引导预习提问

一般来说，教材中每篇课文的课后思考练习题都体现了编者的意图和课文的重点、难点，要求学生根据课后问题进行预习，养成带着问题读课文、不动笔墨不读书的良好预习习惯。在预习过程中或通过查找字典等工具书扫清生字词障碍，或通过朗读课文初步把握大意，或通过圈点、勾画标出不理解的地方，以便为上课进一步学习和交流做好充分的准备。

（2）巧设问题情境

著名心理学家希尔博士说过，人与人之间只有很小的差异，但是这种差异却往往造成巨大的差异。很小的差异就是每个人所具备的心态是积极的还是消极的，巨大的差异就是导致成功或失败。学生学习具有积极的心态准备是获取知识和能力的最大动力。巧设问题情境，是培养学生积极心态和质疑意识的主要方法。

教师创设问题情境要突出"巧"字，"巧"字体现在"三激"，即激趣、激思、激疑。教师要善于创设一种激发学生学习兴趣、引发学生积极思考、唤起学生提问意识的问题教学情境，其最终目的是"激疑"。只有让学生学会提问，在老师的指导下讨论和解决问题，才能彻底扭转学生被动学习的地位，取得一种更生动活泼、更有益于创造性思维发展的教学效果。

（3）营造提问氛围

学生有没有强烈的提问意识，能不能提出问题，取决于是否有一个宽松和谐、心理安全、充满激情的良好提问氛围。

要营造提问氛围，首先要正确认识提问能力的形成过程。这个过程大体可分为三个阶段：第一，启发诱导阶段。教师要着眼于培养学生"敢问"。第二，培养提高阶段。教师要着眼于培养学生"善问"。第三，开掘探索阶段。教师要善于培养学生探索。可见，学生提问能力的形成，须经历一个"敢问→善问→探索"的发展过程。但是，在当前的小学语文教学中，大多数老师却不敢放手让学生提问，其主要原因是怕学生"乱讲"而耽误上课时间，尤其上公开课更是如此。其实，要让学生学会提问，杜绝"乱讲"现象，离开了提问练习是万万不能的，因为学生只能从提问中学会提问。开始练习提问，学生提问内容多是有关词语、课文内容方面的，提问质量不高，有的学生为提问而提问，有的提问漫无边际，甚至还有的学生提问是为出风头、搞笑。在这种情况下，需要老师的巧妙引导，激励学生反复实践，由浅入深、由表及里，学生的提问能力才能得到提高，在学会提问的过程中，也提高了学生创造性思维的能力。

要营造提问氛围，其次要保护学生质疑问难的积极性。孔子曰："学而不思则罔。"有学应有思，有思必有疑。宋代哲学家张载也说过："学则须疑，于无疑处有疑，方是进矣。"只要学生敢于提问，老师就要保护他们的积极性，至于学生的提问是浅层次的还是深层次的，是无关紧要的还是深奥离谱的，教师都要善于引导和化解。如果仅仅因为学生的提问太幼稚而不屑一答，或者因其与教者思路不合而不予理睬，或者因其过于刁难令老师难堪而予以批评挖苦，那么，学生的积极性就会受到打击，学生在知识上的疑点就得不到解开，学生的思维发展就会受到束缚和禁锢。只有放手让学生直接参与提问设计，从文章的课题、遣词用字、布局构思到文章所表现的生活、情趣、思想等各方面，引导学生多角度深层次提问，才能由此发现新的天地，创造新的境界，从根本上体现学生的主体地位。

为了营造提问氛围，在课堂上，我借鉴北京八十中学特级教师宁鸿彬的"两欢迎、三允许"，即欢迎质疑、欢迎争辩，允许出错、允许改正、允许保留；并与学生"约法三章"，即允许学生"三挑战"：向老师挑战、向课本挑战、向权威挑战；组织学生"三论"：即讨论、争论、辩论；鼓励学生"三问"：即问得老师张口结舌、问得老师目瞪口呆、问得老师汗流浃背。于是，学生提问才无所顾忌，课堂教学呈现出勃勃的生机。例如在学《将相和》时，不少学生竟然提出了与传统思想相悖的观点。他们说，廉颇与蔺相如和好，使赵国变得强大起来，从赵国的局部利益看似乎有益，但从历史发展的角度看，却延缓了秦朝的统一，客观上阻碍了历史的发展，对一个民族的振兴来讲恰恰是一个悲剧……又如在学习《景阳冈》一课时学生提问：写武松打虎为什么用那么多笔墨写他饮酒？这个问题碰触到小说刻画人物性格问题，具有一定的探索性。

（三）思考

要营造提问氛围，形成初步的提问习惯，关键在于课堂教学民主化。在这样的课堂上，教师总是允许并热情鼓励学生质疑问难，学生可以打断教师的讲课而向教师提问，教师对学生的发言总是认真倾听，并采取恰当方式给予回答，或把学生的提问"扔"给学生，"挑"起学生争论等。所有的学生都有发言和展示自我的机会，每一个学生的发言都能得到充分尊重——包括同学也不会排斥嘲笑，同学会与其进行善意的争辩，老师会与其展开平等的讨论……老师和学生之间情感相通、心理相容，学生和学生之间团结协作、友好交流，每个人都相互接纳、相互信任、相互竞争、相互促进，全体学生都无拘无束地参与到教学过程中来。

三、质疑能力培养的第二阶段

（一）目标与途径

目标：教给学生提问方法，提升学生的提问能力。

途径：继续在课堂教学中实践，并拓展提问的空间，向课外延伸。

（二）行动策略

1. 形成教给学生提问方法的基本策略

（1）示范和评议

"示范"指教师以自己的提问作范例，让学生从中受到启发，举一反三。有的课文往往有一些内容、结构大体相同的段落，教师可以一段的提问作示范，其余各段让学生自己提问自学。与此同时，在学习课文时，有意识地渗透提问的常见方法：一是抓课题质疑问难。教学时，我注意启发学生从解题方面提出问题："题目写什么？关键词是什么？题目与内容、中心有什么关系？"由此发疑，便于快速地整体感知课文，理清文章思路。如教学《爬山虎的脚》时，学生一看课题，懂得抓"题眼"发问：爬山虎是什么？爬山虎有脚吗？爬山虎的脚是怎么爬的？课文是怎样将爬山虎的脚写具体的？二是抓关键词句质疑问难。教学时，我要求学生在关键词句上反复思考，反复推敲，比较词句的细微差别，以便更深入地理解课文内容，体会作者在文中所表达的思想感情。譬如六年级课文《那片绿绿的爬山虎》中有这么一句话："我好像知道了或者模模糊糊懂得了：作家就是这样做的，作家的作品就是这样写的。"学生抓住这句话提出这样的问题："这样做"是怎样做？"这样写"是怎样写？为什么说"我好像知道了或者模模糊糊懂得了"而不说"我知道了或者懂得了"？从提出的问题来看，学生已懂得了抓关键词语提问。于是我继续顺势利导，启发学生回扣课文前面内容，从而更深入地理解叶圣陶先生对待作品一丝不苟、严肃认真以及真诚质朴、平易近人的高尚人品。三是在似懂非懂的问题上质疑问难。如《草原》一课，学生对"蒙汉情深"的理解比较深刻，但对第一段为什么花这么多的笔墨去写草原风光的写作意图却似懂非懂。于是，学生便由此提问：作者写这段的目的是什么？与后面的内容有何联系？可以看出，学生已能在某些理解有困难的地方提问，只要老师稍加点拨，学生便能融会贯通，加深对课文内容的理解。

"评议"指通过评议学生的提问，从中提高思维的敏捷性和灵活性。例如在学习《圆明园的毁灭》一文时，有一个学生提出："为什么圆明园要建在北京而不建在别的地方？如果建在别的地方，是不是就不会遭到八国联军的抢掠了？"另一个学生提出："课文题目是《圆明园的毁灭》，为什么前面用那么多文字写圆明园辉煌的过去？"我就让学生评议：哪个同学的问题提得好？为什么？从而引导学生提问要从内容的深度和难度着眼，不要提与文章重点无关的问题。

（2）引导提问的层次性

从自学实践来看，学生在自学过程中提问大体有三种类型：一是疑难性问题，主要是学习遇到障碍，影响了对文章的理解；二是推敲性的问题，主要是深入理解课文时提出的问题；三是设问性问题，主要是学习新课时提出的一些假设的求知的问题。从第一类到后两类问题，由浅入深，循序渐进，提问能力逐步形成。通常阅读一篇课文都要经历初读、细读、熟读这三个阶段，因此，要求学生的提问必须与这三个阶段的要求相适应。在初读课文阶段，主要是整体感知课文内容，初步理清文章脉络。这一阶段的提问，以提出叙述性问题为主，提问的方式为"是什么"。细读课文阶段，重在理解课文的重点、难点，分析文章的内在联系，这一阶段大多提出探究性问题，提问方式为"怎么样""为什么"。在熟读课文阶段，重点在领悟文章的思想感情、写作技巧，使自己对文章的整体认识由感性上升到理性。这一阶段可提出综合性理解问题或一些发散性问题，提问方式为"说明了什么""想到了什么""有什么启发或收获"，等等。

（3）把握提问的明确性和目的性

提的问题尽量做到清晰明了、通俗易懂、语言简洁，养成先想好了再问、紧紧围绕课文内容提问的习惯。

2. 构建了培养提问能力的"自主探疑"课题研究模式，即"搜集资料→提出课题→开展研究→写成论文"

（1）搜集资料。根据学生自己关心的某一问题搜集各种资料，研究人们对这一问题的看法。

（2）提出课题。引导学生根据研究资料后的看法，结合自己的爱好、兴趣或社会热点来发现新的问题，提出新的研究课题。如果资料很少或对所涉及的内容学生不够熟悉，可改变题目，另外寻找自己关注的东西。

（3）开展研究。课题一旦确立，学生就要根据研究课题制订研究计划，进行第二次资料采集。学生采集资料的方法包括采访、调查问卷、上网、到书店或图书馆、实地考察、实验等，学校老师、父母家人、亲戚朋友、各类社会人士等都可成为学生获取资料的信息源和开展研究的指导者。在研究过程中渗透"三人行，必有我师""世事洞明皆学问，人情练达即文章"的观点。

（4）写成论文。论文不限字数，能写多少就写多少，可以图文并茂，关键要能在观察、采集、思考、积累基础上表达自己的观点。

（三）效果梳理

通过一学年的实践，从对学生问卷调查的统计结果看，虽仍有较大比例学生（占47.2%）属C类指标，但行动研究后的效果还是较明显：各项指标A类学生总数增加52人次，增加比率12%；B类学生总数增加62人次，增加比率14.4%，如表4-5、表4-6所示。

表4-5　五年级（2）班学生提问问卷调查统计表1

总人数：54人

指标	题号	问题内容	活动前测得人数/人次			活动后测得人数/人次		
			A	B	C	A	B	C
提问态度	1	你对学生课堂提问的态度怎样？ A. 积极　B. 较积极　C. 不积极	5	9	40	10	15	29
	2	你在课堂上很想提问吗？ A. 很想　B. 有时想　C. 不想	6	4	44	11	16	27
提问习惯	3	你在自学中，能经常问为什么吗？ A. 能　B. 有时能　C. 不能	3	10	41	9	15	30
	4	你在生活中能常动脑提问吗？ A. 能　B. 有时能　C. 不能	5	10	39	13	20	21
提问心理	5	你在课堂上，敢于提问吗？ A. 敢　B. 还可以　C. 不敢	7	9	38	13	15	26
	6	你对课堂上提问，有信心吗？ A. 有　B. 有时有　C. 没有	6	10	38	14	14	26
提问能力	7	你提出的问题，表达准确吗？ A. 准确　B. 比较准确　C. 不准确	5	10	39	15	20	19
	8	你的提问水平属于哪一种？ A. 会提问　B. 能提问　C. 愿提问	4	11	39	8	20	26

表4-6　五年级（2）班学生提问问卷调查统计表2

总人数：54人

各类指标统计	A				B				C			
	活动前测得人数/人次	比率/%	活动后测得人数/人次	比率/%	活动前测得人数/人次	比率/%	活动后测得人数/人次	比率/%	活动前测得人数/人次	比率/%	活动后测得人数/人次	比率/%
	41	9.5	93	21.5	73	16.9	135	31.3	318	73.6	204	47.2
对比　人数/人次	+52				+62				-114			
对比　比率/%	+12				+14.4				-26.2			

四、反思与延续

思维活动产生于提问,问题产生于已知和未知之间。从心理学上说,多问和好奇是儿童的天性,是儿童求知欲的表现;从认知规律上说,质疑、析疑、解疑是不可分割的思维过程。亚里士多德说:"思维从疑问和惊奇开始。"爱因斯坦说过:"提出问题往往比解决一个问题更为重要。"由此可见,学生的学习就是提问、求解的认识过程。没有问题就没有思考,就没有学习的矛盾运动,就没有真正的学习。

因此,优秀的教育必须营造一个有利于创新思维发展的环境。营造优质环境的关键中的关键是教师,教师既要让学生在课堂教学中敢于提问、乐于提问、学会学习,又要引导学生在广阔的课外实践活动中自主探疑,提高提问能力和实践能力;教师既要善于激发学生的潜能,又要善于发现并引导学生智能的发展。一言以蔽之,教师要成为点火者而非灭火者,要让学生那创新的火把燃烧起来。然而,要真正地让学生"问"起来,点燃学生创新的火把,还有一段漫长的路要走!

第五篇
读书笔记

做个精神明亮的读书人

——读《教语文,其实很简单:小学语文名师讲演录》有感

  由李振村、杨文华主编的《教语文,其实很简单:小学语文名师讲演录》一书中,收录了于永正、吴忠豪、孙双金、窦桂梅、王尚文、韩兴娥、陈琴、王崧舟、常丽华、张雪青、周益民、李振村、商友敬、周一贯、徐健顺、薛瑞萍、杨文华、薛法根、管建刚、丁慈矿、朱文君等 21 位全国小学语文名师或知名专家教授的讲演,演讲内容皆源于他们丰富的实践经验,只要参照或模仿其中任何一位老师的经验,都有可能成为一位优秀的语文教师。

  掩卷沉思,教语文,真的很简单吗?从根本上说,能否教得好取决于教师的文化底蕴。因此,从当下开始,小学语文教师首先要开始阅读、热爱写作与思考,做个精神明亮的读书人!

  首先是情怀深广。习近平总书记在 2019 年 3 月 18 日全国思政课老师的座谈会上,要求思政课老师情怀要深,要有家国情怀,心里装着国家和民族。我理解这是对所有老师的要求,情怀不但要深,而且要广要大。当一个人情怀深且广的时候,他就会心里装着国家和民族,有悲悯情怀;他就会"先天下之忧而忧,后天下之乐而乐";他就会"苟利国家生死以,岂因祸福避趋之";他就会为了心灵的憧憬而去奋斗,为了内心的坚守而去努力,而不是为了功名利禄苟且营生。真正有大情怀的人是堪当大任的。大情怀、大担当、大磨砺,方能托举起一个大写的人。

  其次是有志于学,立志做一个好学的人。好学,是天下头等大事。好学,和出身、学历、年龄无关。好学,是有志于学,是学无止境。好学,是"人一能之,己百之;人十能之,己千之。"子曰:"君子食无求饱,居无求安,敏于事而慎于言,就有道而正焉,可谓好学也已。"怎样才算好学呢?孔子告诉我们:不重视物质生活享受,而重视精神生命的升华;多做少说;以他人为榜样来改正、修养自己。做到这三点,就可以说得上是好学的人了。

  再次,做到勇猛精进。要善于获取源源不断的养分来滋养内心。一是从大自然

中汲取，热爱大自然，融入大自然，敬畏大自然；二是从优秀经典中获得，养成每天坚持阅读的习惯，一天不阅读心里不痛快；三是从优秀的人身上学习，耳濡目染，学习优秀的人强大的心力；四是在学科学习、为人处事等事上磨炼总结，一天一进步。

　　读什么书？我们宜做到"四环式"读书。第一环是读中华优秀传统文化经典。理性文脉如儒、释、道相关的经典之作，如《大学》《论语》《孟子》《中庸》《道德经》《易经》《庄子》《金刚经》《六祖坛经》《传习录》《呻吟语》《孙子兵法》等约20部，以儒为主，兼容释、道及诸子百家。灵性文脉如《诗经》、唐诗、宋词、元曲、明清小说等。第二环是有影响力的教育家的专著或其他教育教学理论书籍。如《学记》《陶行知文集》《给教师的建议》《民主主义与教学》《什么是教育》《静悄悄的革命》《透视课堂》《教育常识》《自己培养自己》《名师基质》等。第三环是读与教育密切相关的相邻学科的著作、读语文学科的相关理论经验书籍。如赫尔巴特的《普通教育学》，皮连生的《学与教的心理学》，李泽厚的《美的历程》，吴康宁的《教育社会学》等。第四环是读流行时髦的、自己感兴趣的各类书籍。

　　于是，这样一个情怀深广、有志于学、勇猛精进的人，就是一个精神明亮的读书人，就是一个拥有强大的内心、阳光自信、积极主动、精力充沛的人。这样的人，心永远在高处，平静、开阔、通达、从容。

　　让读书成为习惯，让安详常驻心中，让我们这些"小学语文人"一起做个精神明亮的读书人！

做个明明德的人

——《大学》今读

北京晨报曾有一则报道说：一公共汽车司机在行车途中突发心脏病猝死，临死前他用最后一丝力气踩住了刹车，保证了车上二十多个人的安全，然后他趴在方向盘上离开了人世。他生命最后的举动让人感动，说明在他心里时刻想到的是要对乘客的安全负责。他虽然是一个普通人，却用生命的余光彰显高尚的人格和职业道德。

北京同仁堂历经300多年兴盛不衰，秘密在于道德底线的坚守，在于两个"必不敢"——"炮制虽繁必不敢省人工，品味虽贵必不敢减物力"。

无论是个人还是企业，德行的修为和积累显得尤为重要。康德说过："世上只有两样东西让我敬畏，一个是头顶灿烂的星空，一个是心中崇高的道德法则。""大学之道，在明明德，在亲民，在止于至善。"这是国学经典《大学》中的开篇句子，意思是，大学的宗旨，在于弘扬光明正大的品德，在于使人弃旧图新，在于使人达到最完善的境界。

其中，"在明明德"两个"明"字，前一个"明"是动词，是彰显、弘扬的意思；后一个"明"是形容词，意谓"光明的"；连起来是说，人要使本身具有的光明品性发扬光大，这是启迪人心的一种温暖力量与正面教育。一个人如果能学会审视自我、能不断地朝着光明前进，那么，这样的修身过程，就是大人之学，就是君子所为，就是大学之道。

对于"亲民"一词，有不同的释读。有的人认为，爱每一个人，亲近每一个有仁德的人，相当于孔子所说的"泛爱众，而亲仁"；而理学家朱熹则认为，"亲民"通"新民"，"亲"即为"新"，就是图新、革新的意思，要不断完善自我、不断自我求新。"亲民"就是使人弃旧图新、去恶从善的意思。"在亲民"，就是要求人通过追求光明、彰明德善而更新自我，成为更好的自己。

如果说"明明德"是内心的原点，那么"在亲民"就是努力的过程。有了光明的起点，有了日新的行进，还要有伟大的目标——即第三个词所指："在止于至善"。

"止"是达到，"至"是极度，"善"可理解为"好"，"止于至善"，就是达到最好的完美境界。任何完美境界当然都不存在，任何极致追求都很难实现，所以《大学》提倡，把对人性至善的追求当作理想目标来看待。有了宏伟的理想目标，有了坚定的价值信念，那么，只要人心向善一点点、只要每天向新一点点，就是朝目标接近了一点点。既然《大学》是关乎终身的大人之学，那么，君子修行永远没有成人定格的"完成时"，大道之行永远没有停歇时，永远在路上。

总之，推荐国学经典《大学》，倡导做一个明明德的人！明德从哪里来？从好学而来！好学应成为每一个人最主要最重要的任务，好的品行需要好学，向有仁德的人学习；好的知识需要好学，向书本学习，向最优秀的人学习；好的智慧需要学习，智慧来自于每日一知道、每日一反思，来自于反思总结的好习惯。

读《论语》 谈学习

之一：学习为人是根本

学习，是一个人生命长河中非常重要的一个词，一个人的学习力决定了他的生存能力和生活品质。

特别是现在时代发展日新月异，联合国教科文组织早就倡导终身学习，一个人要活到老、学到老，而会学习显得尤为重要。

现在孩子的学习，面临着很大的挑战，一是学习种类丰富了，学习内容增多了，家长的期望值提高了，学业的压力增大了。很多孩子可能觉得学习并不是一件很快乐的事情，甚至觉得学习是一件很痛苦的事。

同时，我们的教育工作者乃至我们的家长，对学习的关注可能存在一些偏差，例如片面关注学习成绩和分数，忽视孩子学习怎样做人。这可能导致抓了芝麻，丢了西瓜，过度关注表面的浮华，严重忽视了根本的滋养。

孔子早就说过："学而时习之，不亦乐乎？"（《论语·学而》第一条。）这句话的意思是："学习知识并按时去温习它，不也很高兴么？"就这句话，也有不同的解读。

有人认为，学习之后要时常温习和复习，这不是一件很快乐的事吗？

但有人认为，学习之后只是温习和复习，就像将冷饭重新温热一下，这不是什么特别快乐的事；但如果将冷饭做成了蛋炒饭或者扬州炒饭之类的，让饭的质量提升了，可能会更快乐。因此，复习和温习还需要产生新的知识，形成新的观点，这样才能让人得以提升。

还有人认为，这样还是不够，知识的最高境界是应用，所谓学以致用，当知识在应用的过程中产生智慧、生成美德、迸发向上的力量，让人有豁然开朗、顿悟的感觉，这样就更有意义了，这样也许回到了培根所说的"知识就是力量"的本意，这也可能才是孔子真正的用意所在。

实际上，孔子这里讲的"学习"，不仅是学习文化知识，更是学习做人的学问，学习为人之道。

孔子还说过，"弟子入则孝，出则悌，谨而信，泛爱众，而亲仁，行有余力，则以学文"。(《论语·学而》第六条。)意思是，"首先要做到孝顺父母，友爱兄弟姊妹。其次，言行要小心谨慎，讲诚信。与人相处时要平等博爱，并且亲近有仁德的人。如果做好这些之后，还有多余的精力，就应学习其他有益的学问。"

所以，孔子倡导学习为人是根本，跟我国教育部所倡导的立德树人的精神是一致的。作为学生，应当学会做一个"入则孝，出则悌，谨而信，泛爱众，而亲仁"的人。

之二：学会反思很重要

怎样学会学习？反思是一个很重要的学习习惯，是一个人形成良好人格的核心习惯。

人一旦养成了在错误中反思自己、每天坚持反省总结提升自己的习惯，将终身受益，就会成为一个有智慧的人。一个智慧的人，一辈子都会自由、从容、通达，做什么事都能做好。

孔子的学生曾子就给我们提供了三面反思自己的镜子。曾子曰："吾日三省吾身：为人谋而不忠乎？与朋友交而不信乎？传不习乎？"(《论语·学而》第四条。)意思是："我每天再三检查自己：替人家办事没有尽心竭力吗？与朋友交往有不讲信用吗？老师教给我的功课，有没有用心复习吗？"

地面不常扫，就不会有一个干净清洁的庭院，落叶越积越多、尘埃越落越厚，庭院便成垃圾场了。人也是这样。一个人如不经常清扫自己的心灵，久而久之，自卑、自大、自私、贪心、懒惰等就会在心灵中、在思想上积重难除，也就不会有一个宁静宽舒的心境了。

清扫心灵，是认识自己、改正错误、提高自己的有效途径。人的心灵就如同一股清泉，只有不断地清除泉水中的尘埃、淤泥、杂物，才能保持泉水的清澈和鲜活；只有将心灵深处的浅薄、浮躁、消沉、自满等污垢洗涤干净，才能重新奏起清新、激扬的旋律，让生命生机勃勃，充满活力。

刘备说过："勿以恶小而为之，勿以善小而不为。"应一切从小事做起，从善事做起。反思自己、清扫心灵垃圾的方面可以有很多，小到自己对学习、对同学和家人的点点滴滴，大到对国家、对时代的种种要求。经常整理自己的心情，发问自

己：自己的精神状态好吗？创造性地完成了自己的学习和工作计划吗？在自己的能力范围内帮助别人了吗？近来的种种行为背离了学校、家庭、社会乃至国家和时代的原则性要求了吗？……

懂得反思和清扫心灵垃圾，是大智；敢于反思和清扫心灵垃圾，是大勇。如果你扫除了心灵的欲念与烦恼，你便是个智勇双全的人。

之三：好学是天下头等大事

好学，是天下头等大事。好学，和出身、学历、年龄无关。好学，是有志于学，学无止境。

子曰："知之者不如好之者，好之者不如乐之者。"（《论语·雍也》第二十条。）意思是："懂得学习的人不如爱好学习的人，爱好学习的人不如以学习为乐的人。"孔子还说过："君子食无求饱，居无求安，敏于事而慎于言，就有道而正焉，可谓好学也已。"（《论语·学而》第十四条。）意思是："君子饮食不要求饱足，居住不要求安逸，办事敏捷，说话谨慎，向有道德的人学习而改正自己的缺点，这样就可以说是好学的人了。"

怎样才是好学的人呢？孔子告诉我们：不重视物质生活享受，而重视精神生命的升华；多做少说；以他人为榜样来改正、修养自己。做到了这三个方面，就可以说得上是好学的人了。

其中，最难做到的是第一个方面——"食无求饱，居无求安"，即安贫乐道。尤其在艰难困苦中，不要有过分的、满足奢侈的要求；住的地方，只要适当，不要贪求过分的安逸，贪求过分的享受。

当今时代，有的学生盲目攀比，不是比学问、比品行，而是比穿着、比高档的学习用品，比谁家阔气，甚至有的学生过生日要花费上千元乃至上万元。孔子所描绘的好学典型，表面上是一个寒酸的穷书生，实际上是一个乐学善学、随时随地学习、积极进取的人，这种"穷书生"形象在今天未尝不值得我们学习。

1937年1月，毛泽东到达延安后，通过各种渠道购买了各类书籍和报刊，后来，他的书逐渐多起来了，直到他的书架和床上都摆不下了，只好在离他住处不远的一间平房里放了一些书。后因日军飞机轰炸延安，他又将存放在平房里的书转移到一个较深的窑洞里。毛泽东读书学习和写作时非常专心，当时，延安的条件非常艰苦，冬天也很冷，有时他的手脚都冻麻了，便放一盆炭火在桌子底下，炭火经常把他的棉鞋烧坏，他把棉鞋上的火熄灭后，继续坚持读书写作。

毛泽东主席之所以为人敬仰，很关键的一点就是能够"安贫乐道"。近年来，我国人民的生活水平逐步提高，我们应该追求更多的精神享受。过度追求物质享受容易使人迷失志向，丧失学习的动力；而精神享受的追求，会引导人体验学习的乐趣，激励人奋发向上，提升人的生命价值。

之四：学而思、思而学

学习伴随着思考，没有思考的学习不是真正意义上的学习。

孔子曾说过："学而不思则罔，思而不学则殆。"（《论语·为政》第十五条。）意思是："只学习而不思考，就会迷惑而无所得；只思考而不学习，问题仍然疑惑不解。"这句话说明了学习与思考的关系，只学习不思考或只思考不学习，都容易陷入迷惑而无所获。

学是思的基础，思是学的补充，这二者缺一不可。正好比人体对食物的消化过程那样，只学不思，那是不加咀嚼，囫囵吞枣；举一而不能反三，那是未经消化、吸收，所学知识无法化为"己有"。只有学而思之，才能将所学知识融会贯通，举一反三。

学与思相结合，学而思，思而学，是掌握知识过程中的必由之路，也是人类进步的动力之源。在马列主义传播到中国大地的时候，以毛泽东、周恩来等为领导的共产主义者，在汲取马列主义精髓的同时，结合中国实情，走"农村包围城市"的革命战争道路，最终缔造了社会主义新中国。试想，革命先辈们如果不是学而思、思而再实践，而仅是一味生搬硬套、奉行教条主义，那么中国革命岂不是要断送在王明之流的"左"倾教条主义者手中？

西晋时，"竹林七贤"中的王戎是个从小就善思考的人。一次，他同小伙伴看到大路边的李子树上果实累累，其他孩子都去攀摘，只有他站立不动。有人问他为何不摘，他说果子是苦的，如果路边树上的果子很甜，早被人摘光了。有的孩子尝了一下，的确如此。

"人云亦云"是一种惰性，也是一种无知。克服"人云亦云"的唯一办法，就是要勤于思考，独立思考，并在实践活动中不断地磨炼和积累，提高认识和判断的能力。只有这样，才可能不因"人云亦云"而迷失方向，陷入泥沼。

思考能使行动明智。学会思考可避免盲从，避免人云亦云。思考能给人以自信和力量。"给我一个支点，我可以翻转地球。"这样振聋发聩的话语出自古希腊大科学家阿基米德之口，我们怎能不感叹人类的气魄与伟大！让我们放开眼界，勤学善思，敢于质疑——敢于向教师挑战，敢于向教材挑战，敢于向权威挑战……

之五：要有志于学

在与一位家长交流时聊到，总觉得现在的孩子缺了什么，但是表达不出来。当时我脱口而出，说是缺立志！学习没有志向！

现在的孩子跟整个社会一样，太浮躁，缺乏方向感。原因在于：一是远离了大自然，人本应天然地与大自然连在一起，但随着城市化的进程加快，人们越来越远离赖以生存和滋养的大自然。二是人心变了，变得复杂，变得狂躁、自私。就像《水知道答案》书中所述，一旦心怀善意，连水的晶体都会美妙无比；一旦心生恶意，水的晶体会变得丑陋无比。三是整个社会泛滥的物质、泛滥的欲望、泛滥的媒体、泛滥的速度，诱惑陷阱太多，节奏速度太快，人们都奔跑在高速路上却忘了忙什么，没有时间和空闲让游荡的灵魂歇一歇。

立志乃万事之本。所谓无志之人常立志，有志之人立长志。子曰："吾十有五而志于学，三十而立，四十而不惑，五十而知天命，六十而耳顺，七十而从心所欲，不逾矩。"（《论语·为政》第四条。）孔子说："我十五岁有志于做学问；三十岁立身处世站稳了脚跟；四十岁掌握了各种知识，遇事而不迷惑；五十岁知道上天赋予自己的使命；六十岁对别人的话能辨别是非曲直；七十岁即使随心所欲也不会有越规的行为。"

孔子常和学生谈自己的志向，他认为要坚持和实现自己的志向，并不是容易的事，但立志是重要的起点。他十五有志，三十而立，七十才达"不逾矩"的高度自觉的境界。这说明立志是一个人发展的起点，长期不懈地学习修养是关键。

周恩来从小志高，12岁就发出"为中华之崛起而读书"的誓言。1910年，周恩来进入沈阳东关模范高等小学堂学习。有一天，魏校长在课堂上问大家为什么读书，周恩来慷慨作答："为了中华之崛起！"为中华崛起而读书，这是一种崇高而远大的学习志向！正是在这种学习志向的推动下，他品学兼优、名列前茅，出色地完成了自己的学业。

立志要像《叶问》电视剧中一句著名台词"念念不忘必有回响"，要让头脑中有志向达成的生动画面感，使志向坚如磐石，让志向之火熊熊燃烧，要让志向充盈身上的每一个细胞，达到"神启"状态。在这神圣的状态里，一切为志向而生，所有的思维、行动都指向目标，从而自然创造奇迹。

读《论语》 谈做人

之一：己所不欲 勿施于人

"己所不欲，勿施于人"是中华民族的传统美德，它告诫人们，自己不愿意要的东西，不要强加于人。这是做人最起码的要求。个人教养的提高，人际关系的和谐都离不开它。这也是处理各种关系和矛盾、维护世界和平的最起码的准绳。各种世界性的恐怖主义事件、各种地区性的战争冲突、国与国之间的外交纠纷以及假、冒、伪、劣产品等现象，理应从"己所不欲，勿施于人"中吸取智慧，来解决所面临的问题。

从国与国的关系来说，任何一个国家都不希望自己国家主权丧失，都不希望国家领土被霸占，都不希望国家统一受到破坏。从"己所不欲，勿施于人"的观点出发，那就是任何一个国家都应该尊重别国的主权，不要去侵夺别国的领土，不要把战争强加给别国，不要去奴役别国人民。要想自己的国家主权不受侵犯，也就不要去侵犯别国的主权；要想自己的国家强盛，也就要让别人的国家强盛。但是，有的国家不是这样的，他找出种种借口去干涉别国的内政，限制别国的经济发展，甚至施加种种压力，生怕一些发展中国家富强了……世界上的这些奇怪现象，每天都发生在我们面前。各国的领导者，特别是发达国家的领导者们，如果能够懂得孔子的"己所不欲，勿施于人"，那么，世界将可能更安宁一些，将可能更人道一些，各种纠纷和摩擦就会更少一些。

从生产者、销售者与消费者的关系来看，任何一个生产者或销售者，他们只能对于一种或几种产品来说是生产者或销售者，对于他们所消费的大量商品来说，他们也是消费者，所以他们也应该懂得"己所不欲，勿施于人"的原则。自己不愿意买到伪劣产品，就不应该生产或销售伪劣产品；自己怕因吃到劣质有毒的食品而影

响身体健康或者危及生命,自己就不应该生产或销售劣质有毒的食品。现在市场上出现伪劣产品,是一些人为利益所驱使而丧失了良知和人性所致。如果他们能发现自己的良知,找回丧失的人性,用孔子的仁爱之心来洗去自己心中的邪恶,用"己所不欲,勿施于人"的原则来指导自己的行为,那将是所有人的大幸。

从人与人的关系来看,实行"己所不欲,勿施于人"也是十分必要的。不强人所为,不夺人所爱,推己及人,将心比心,站在别人的位置来看问题和思考问题,就能相处得和谐融洽。能不能用"恕"去理解人、帮助人、去解决人与人之间的各种矛盾,是一个人是否文明、是否有教养的标志。一些缺乏教养的人,与别人发生一点小小的摩擦就出语伤人,有时把矛盾弄到十分尖锐的程度,甚至犯罪,这是十分可怕的。

总之,从孔子的"己所不欲,勿施于人"的思想中所体现出来的仁爱之德和忠恕之道,对于提高个人修养、对于建设一个文明的世界具有十分重要的意义和价值,必须大力加以弘扬。

之二:不要轻信别人的花言巧语

故事一:古代京城有一位官员特别会奉承人,一次由于某种原因出外做官,临走之前,去拜别老师,老师告诫他:"在外边做官也不容易,一切事必须小心谨慎。"这位官员很自信地说:"我准备了100顶高帽,逢人便送一顶,应该不会有不愉快的事。"老师听了,大怒道:"我辈都是刚直的人,何必那样做?"官员忙说:"天下像老师这样不爱戴高帽的人能有几个?"老师笑着点点头说:"你的话也不是没有道理。"官员于是告别老师,出门对人说:"我本来准备了100顶高帽,现在只剩下99顶了。"

故事二:晋公子夷吾和公子重耳是两兄弟。夷吾得到秦国和齐国的帮忙,登上国位,成为晋惠公。可是惠公的大臣分作两派,拥护惠公的一派以却茅和吕省为首,而暗里拥护重耳的一派以里克和丕郑为首。丕郑暗里召集同党,商量赶走夷吾,迎公子重耳登位。有一天,屠岸夷要来见丕郑,向丕郑提出推翻惠公的办法。丕郑开始的时候并不相信,但后来屠岸夷咬破手指头,对天发誓说:"老天爷在上,我如有三心二意,叫我全家都死光。"结果丕郑就相信了他。在得知了丕郑的同谋后,屠岸夷给晋惠公通风报信,结果将丕郑一帮人一网打尽。

"巧言令色,鲜矣仁!"孔子是很看不起花言巧语的人的,但是,由以上两个故事可以看出,现实生活中花言巧语、巧舌如簧的人是无孔不入的。如果轻信花言巧语的人,往往会上当受骗,甚至招致杀身之祸。因此,要真正了解一个人,不能只听他的一面之词,还要看他的所作所为,了解他所走过的道路,观察他的爱好,从他的言行、经历、兴趣等各方面来认识他，就像孔子所说的"视其所以，观其所由，察其所安"。

之三：做个道德高尚的人

据《吕氏春秋·具备》记载：宓子为官治理山东禀父，实行以德教化民众。过了三年，鲁国国君派人前往暗访，见夜晚渔人把打上的小鱼都统统放回水中，就问为什么。渔人回答："宓子不想让百姓打取小鱼，所以就放了它们。"来人感叹道："宓子的德行达到了最高的境界！连普通老百姓都快成了圣人。"又请教孔子，问禀父为何能治理得这么好。孔子答道："以诚待民，以德治众。"禀父之所以出现"夜鱼不欺"这个现象，最关键的是宓子能以身作则，在他的影响和感召下，百姓也都成了有德之人。

道德作为人们共同的行为准则和规范，是构成社会文明的重要因素，是维系和谐人际关系、良好社会秩序的基本条件。"为政以德，譬如北辰居其所而众星共之。"孔子"为政以德"的理念，确立了中国古代几千年的"德治"传统。中国历史上出现的几次盛世，都同统治者注重"德治"分不开。例如，唐朝初期出现的"贞观之治"，与李世民在位时的"德治"密不可分。

中国共产党历来重视道德在治党、治国中的地位和作用。20世纪60年代初期，毛泽东号召全国人民"向雷锋同志学习"，使社会主义道德实践蔚然成风。改革开放以来，邓小平进一步强调加强思想道德建设的重大意义。中共中央总书记习近平强调，法律是准绳，任何时候都必须遵循；道德是基石，任何时候都不可忽视。在新的历史条件下，我们要把依法治国基本方略、依法执政基本方式落实好，把法治中国建设好，必须坚持依法治国和以德治国相结合，使法治和德治在国家治理中相互补充、相互促进、相得益彰，推进国家治理体系和治理能力现代化。

有的人常常存在这样的想法：对于一个国家的繁荣发展来说，一个普通人的道德素养所起的作用和产生的影响是微乎其微的。这种看法是片面的。因为社会是人的社会，国家是由人组成的，个人道德水准是社会道德状况的基础。"国家兴亡，匹夫有责"，换句话说，国家兴旺、风气纯正，不也是人人都有责任吗？所以，建立一个崇尚道德、秩序良好的国家，既靠治国者，也靠我们每一个人的具体行动。

之四：用"心"去敬父母

"今之孝者，是谓能养。至于犬马，皆能有养。不敬，何以别乎？"孔子所谈到的"孝"，就是不仅要从形式上侍奉父母，而且要从内心里孝敬父母。如果只有生

活上的关心,而没有人格上的尊重,那就意味着将人降低为物(犬马)了。孔子要求通过"敬"把对人的关系与对物的关系区别开来。

然而,现在有些孩子似乎不懂得怎样去孝敬父母,因为他们自己更多的是笼罩在"爱"的光环下。做父母的望子成龙、望女成凤,尤其是现在的独生子女更成了父母的掌上明珠,父母"惟孩子是从",大包大揽,成了孩子的保姆。只要孩子学习成绩好,其他可以什么都不管。有的孩子甚至到了"衣来伸手、饭来张口"的地步。于是,有的大学生不会洗衣服叠被子,有的父母为了孩子的学习,不惜放弃工作、不远千里租房子陪读,给孩子洗衣做饭等现象也就不足为怪了。

那么,是不是孝敬父母过时了呢?不是的!孝敬父母是中华民族的传统美德。有必要继承和发扬这一美德,赋予它新时代丰富的内涵——既要充分地享受被爱的幸福,更要积极主动地表达对父母的爱和孝心,可以表现在:读书学习,向父母定下目标,让父母放心;生活自理,对父母说你能行,让父母开心;家务劳动,帮父母适当分担,让父母顺心;不同意见,给父母婉转提出,让父母宽心;出门在外,跟父母打声招呼,让父母安心……总之,要真正地用"心"去孝敬父母。孝不但能够生勇,还能够生悌,生忠,生信,生礼,生廉,生耻,生仁,生爱,生和平。一个人能够从事民族优秀文化的继承工作,意味着他在尽大孝。

之五:做个全面发展的少年君子

"君子不器。""先行其言而后从之。""君子周而不比,小人比而不周。"这里三句话,孔子讲了君子三个方面的特征:首先要才能广博,不要像器皿那样;其次是贵在行动,要做行动的巨人;再次是要讲团结,不要拉帮结派,要相互尊重和信任,不要勾心斗角。

根深才能叶茂。一个人只有知识广博,爱好广泛,基础扎实,才能有所作为。然而,假如一个有才能的人,只知道夸夸其谈,不愿意实实在在地做事,就像"说话的巨人,行动的矮子",这种人是成不了大事的。《三国演义》中蜀国的军师马谡虽然精通兵法,可谓上知天文,下知地理,但是在镇守街亭与魏国交战中,恃才自傲,固执己见,只会纸上谈兵,最终失守街亭,落得个"孔明挥泪斩马谡"的可悲结局。同时,一个人有才能、能做事,但又不善于团结,不善于与人合作,这样的人也不能算是真正的君子。

人们常说,"人要有一技之长",但是只有一技,是很难立足于现代社会的,因而也很可能被时代所淘汰,就像孔子所说的"君子不器"。当今社会乃至世界各国正向着多元化方向发展,知识更新的速度越来越快,对人才素质的要求越来越高,作为小学生,应该从以上三个方面要求自己,奠定自己一身多技、一身多艺的基础,做一个全面发展的少年君子。

修补童年的底色

——读《草房子》有感

著名心理学家荣格说过，一个人毕其一生的努力就是在整合他童年时就已形成的性格。可见，童年的生活经历对孩子性格的形成是多么重要。

《草房子》中的桑桑是幸运的，他的一段刻骨铭心而又丰富多彩的童年生活应将成为他一生中宝贵的精神财富。也许桑桑就是作家曹文轩本人的生活写照，《草房子》就是曹文轩的自传。正因为如此丰富的童年经历，才成就了这么一位令人着迷的童话作家。

《草房子》反映的是20世纪60年代的童年生活，我就出生在那个年代末，因此很有熟悉感和亲切感。我的童年生活也是比较丰富的，上学很轻松，放学后基本没什么作业，就是玩和干农活或者做家务。与同伴在月夜下玩捉迷藏，扔土块，抓俘虏，埋"地雷"打"鬼子"，上山砍柴、下河摸鱼抓螃蟹，下田捉泥鳅，放牛、放羊、赶鸭子，农忙时帮忙搞"双抢"，插田、割禾、晒稻谷、挖红薯，几乎什么农活都干过。大学暑假期间还要回家搞"双抢"种地干农活。童年时期家庭的不富足让我懂得了生活的艰辛，童年时期玩乐的丰富和不确定性成就了我稳重而又善于变通的性格。

相比起来，我想，我儿子这一代00后的孩子的童年，也许没有我的童年那么幸运。主要表现在几个方面：一是成长的环境变得复杂、喧闹，主流价值被淡化，道德已经没有了底线，道德体系和价值体系需要重建。二是他们多是独生子女，因而孩子的孤独感和自我中心意识偏强。三是父母正处于打拼的岁月，太忙无暇顾及孩子心灵养分的滋养，即使有，也是心有余而力不足，很多孩子由爷爷奶奶隔代教养或者成了留守儿童。四是孩子的学习内容丰富，学习种类增多，学业压力增强。五是城市化进程导致这代孩子天然存在"大自然综合缺失症"。他们对大自然不敏感、不喜好，无法完成心灵与自然的对接，无法从大自然这个天然的最好的老师中汲取灵感和养分。或者说，他们难以保持一种强烈的好奇心和探索精神。或者还可说，他们缺乏一种游戏精神、玩耍的精神。于是，虚拟的网络世界让他们找到了归属感。他们不太愿意主动跟人交流、主动跟同辈交流、主动跟经典书本交流、主动跟大自然对话，宁愿待在网络游戏中寻找快感和满足感……凡此种种现象，我们无须过多责怪孩子，需要的是修补孩子们童年的底色！

　　荣格还说过，最强力的影响环境，尤其影响孩子的，莫过于丧失活力的生活。我想，我的一家是充满活力和积极进取精神的。我的爱人从一个初中毕业生，背井离乡来到佛山，从幼儿园的保健员到私企的仓管员、文员、行政助理，直到现在成为一家卫浴公司的营销副总裁，她一步步在成长，坚持不断学习。即使肚子里怀着孩子，她也坚持白天上班、晚上去电视大学进修学习，最终取得两个大专文凭。我本人也是拼着一股不服输的韧劲和勇气，才成就了现在一位省级学校校长的角色。我们大人的所作所为、一言一行彰显的是一种日日求新、日日求变、勇于进取的人生态度，我想，这也许是修补孩子童年底色的最好路径。

　　荣格也说过，你连想改变别人的念头都不要有。作为老师要像太阳一样，只管发出光和热。每个人接受阳光的反应不同，有的人觉得刺眼，有的人觉得温暖，有的人甚至躲开阳光。种子发芽前没有任何迹象，那是因为没有到那个时间点，我们要相信每个人都是自己的拯救者。

　　我相信，我的孩子也将是自己的拯救者。我深信，我的孩子必将通过自己的努力和进取，成为最好的自己！

后　记

　　读完《草房子》，我忍不住又读了一遍。是什么吸引我再读？是淡淡的哀伤，是熟悉的童年回忆，是一个个鲜活的生命：秃头的陆鹤，因挺身演秃头连长而成了最帅的小伙子；纸月惹人怜爱，却透着坚强与高雅；美丽青春的白雀恋情不顺却勇于抗争；令人生厌的秦大奶奶因救落水的乔乔而焕发出最美的人性，受到了所有人的敬重；红门里的杜小康因家业衰落而随父放鸭，历经磨难收获了坚强豁达的性格；药寮中温幼菊老师以"不怕"和简易的歌谣来影响重病中的桑桑；耻于猎人出身的桑乔校长通过读书改变了自己的命运；被邱二爷收养的细马在二爷去世、二妈消沉之际似乎一夜懂事，选择留守和担当；贯穿全文的桑桑时而顽皮，时而仗义，时而懦弱，时而坚强，因丰富的生活经历而收获了多彩的童年；蒋一轮老师悠长的笛声，像光滑的绸子一样，在春天的田野上飘拂，流淌着一串串透着淡淡忧伤、美好纯真和人性之美的旋律……

　　金色的草房子，香香的艾地，一望无际的芦苇荡，在悠长的笛声中，演绎出一个个耐人寻味而充满温情、凄美的童话故事，沉淀下来的是洋溢着人性之美的永恒。

做一个怎样的人？

——读《奇先生妙小姐》有感

《奇先生妙小姐》丛书由英国罗杰·哈格里夫斯编著，畅销欧美30多年，风靡80多个国家，是销量超过一亿册的经典儿童读物。书中83个不同造型、性格各异的人物简单有趣，故事浅白幽默，几乎涵盖了各种特色人物：有讲述人格特质的傲慢先生、荒唐先生、霸道小姐等；有叙述生活习惯的贪吃先生、邋遢先生、整洁小姐等……为孩子一一来展现不同性格的奇先生与妙小姐，可让孩子好好地"改正自己、了解别人"，培养多元智能中的内省及人际智能，从而塑造孩子的完美人格，让孩子纠正自己，懂得规矩，了解他人。我一口气读完"奇先生"47本，"妙小姐"36本，忍不住写下以下感受。

被变与求变。变化分几种类型，一是被变，当噪音先生、傲慢先生、吝啬先生、暴躁先生、抱怨先生、粗鲁先生、好奇先生、霸道小姐、淘气小姐、恶作剧小姐让大众感到不合适时，他们被大众逼着变，受到教训和惩罚，最后适合公众规范；二是自变。当喷嚏先生老是打喷嚏时，他主动出走，寻找出路，解决了老是打喷嚏的问题；晕先生被人取笑，于是出走寻找出路，许愿井让他变得聪明和机智；好心先生从坏王国出走到了好王国，找到了适合自己的生活环境。三是合变。与最优秀的人在一起，近朱者赤近墨者黑，优秀者的言行可以影响人发生改变。邋遢先生碰到干净先生和整洁先生，于是变得干净起来；错误先生碰到正确先生，变得正确起来。一个人想要成长，应该主动求变。鸡蛋从外打破是食物，从内打破则是新生命的重生，是突破压力、增长智慧、增强能量获得新的成长。

适合与信心。一个人的存在总是有意义、有价值的，总是适合自己的工作和生活方式，不能失去追求生活和追求美好的信心。小小先生开过芥末餐馆、糖果店、火柴厂、农场，最后成了作家笔下的主人公；糊涂先生总是做反，老渔夫乔治反着要求他帮忙做事，包括推渔船入海、拎煤等，他做对了，受到了表扬；安静先生在吵闹王国买不到东西，连生活都困难，最后在快乐先生的邀请下来到了高兴王国，

在快乐图书馆工作；匆忙先生做过公交车司机、服务员，最后找到邮递员送快递的工作；慢吞吞先生做过播音员、的士司机、冰激凌制作员、羊毛围巾纺织手、赛车手、火车司机、快艇驾驶员，最后成为压路车司机，很享受；话匣子先生的话让大象耳朵起了茧子，做过快乐王国让你富银行、吃个饱餐厅、帽子店的员工和傲慢先生的秘书等工作，最后找到了唠叨小屋的话务员工作；莽撞先生老是发生小事故，撞坏、撞破、撞碎东西，最后在农场大麦先生的苹果园那里找到了撞树收苹果的工作；迟到小姐最后为懒惰先生和荒唐先生服务。

悦纳与幽默。每个人总有缺点和不足，要善于悦纳自己，接受自己容貌、身高等生理上的不足；生活总会有坎坷，充满曲折和挫折，一个人总要有点生活的情趣，善于调侃自己，学会幽默和有趣，让生活变得有意思、有趣味。高先生总是觉得自己的腿太长不方便，后来通过与小小先生、挠痒痒先生、好奇先生、贪吃先生的交往，醒悟到自己的腿长竟然是自己的优势，因为他一步就能走很远，一下子就能回到家；乐观先生头上只有三根头发，老是戴着帽子不敢见人，在与奢华小姐的交往中，突破了自身的自卑和弱点，敢于亮出自己的三根头发；挠痒痒先生老是挠别人的痒痒，如老师、交警、苹果小贩、列车员、肉店老板、医生、邮递员等，让生活变得有趣；颠倒先生上下前后左右不分，说话颠三倒四、倒退着过马路、逆着上自动扶梯、将袜子穿在手上，真是个有趣的家伙；荒谬先生、荒唐先生、古怪小姐让生活变得怪异好玩。

想象与好奇。生活不能没有想象，不能不保持一份好奇心。因此巫师、魔法和小精灵让这部丛书变得生动有趣。于是荒唐王国的荒唐奖杯的颁发、年度最怪异点子的评比让人耳目一新，鸟儿可以倒着飞，苹果可以长成方形的，糊涂先生、愚蠢先生、笨蛋太太等都能从中找到自身的存在感和快乐。白日梦先生可以天马行空、酷帅先生可以带着病人周游世界；不可能先生可以倒着睡。

善行与合作。人是利己动物，但要从利他中获得利己，从助人中获得自助，从善行中获得能量；人是群居动物，从来没有个人英雄，从原始社会开始，人类要靠合作才能抵御野兽与恶劣环境赖以生存，在"互联网+"时代，更需要合作才能做成一件大事。生活在快乐王国的快乐先生帮助悲伤先生嘴角上翘起来；白雪先生帮助圣诞老人送圣诞礼物；好心的流浪汉帮助颤抖先生从1数到10，改变颤抖现象；滑稽先生帮助动物园里感冒的动物开心起来；强壮先生帮助灭火；酷帅先生帮助病中的杰克快乐起来；没人先生在快乐先生和阳光小姐的帮助下找到巫师解决了没人的问题；柔韧小姐帮助担心先生、瘦先生取回了东西，等等。他们在帮助别人中获得了存在感和快乐，而帮助与被帮本身就是一种合作，其中圣诞老人找白雪先生帮忙、圣诞小姐找朋友来合作包装圣诞礼物等都较鲜明地体现了合作的意义和作用。

勤奋与自律

——读《李嘉诚大传》有感

读罢《李嘉诚大传》，我不禁掩卷沉思：李嘉诚凭什么这么成功？是机遇？运气？还是家教背景？我想，应该归因于两个词：勤奋与自律。

一勤天下无难事，曾国藩如是说。李嘉诚一生的经历和磨炼很好地诠释了勤奋这个词。他出身寒微，只有中学文化，做过茶楼跑堂，当过五金厂普通的推销员，靠7000美元起家创业，如果不勤奋，怎能成为财富大亨？

可以说，没有苦难的人生不是真正的人生；而苦难的经验却是人生的无价之宝，尤其是从艰苦忧患中成长的一代。李嘉诚10多岁的时候举家迁往香港，寄人篱下，一想到父亲生病不求医，省下药钱供他读书，母亲靠缝补浆洗、含辛茹苦维持生计，他哪敢不加倍努力？

在14岁那年，正逢家道中落、漂流异乡，又遇少年失学、父亲过世，而此时他又身染肺结核，没钱看病，又不敢跟母亲讲。于是他一面坚持打工，一面坚持治病，自己发明治病方法，清晨跑上山顶呼吸新鲜空气，替饭店厨师写信换取鱼汁鱼杂汤，虽然难喝恶心，但坚持吸收其营养，想不到病竟然好了。在失学打工期间，他依然没有忘掉学习，学英语几乎到了走火入魔的地步，夜深人静之时、上班下班途中，李嘉诚还坚持自学学完中学课程。

正是这种勤奋的坚守，使他一步步强大自己，也使他明白，危难之际，不能靠别人，只能靠自己。在钟表店工作期间，不能尽快学艺，只能做搞卫生、打下手之类的杂活，他只好偷偷学艺，偷偷熟悉钟表种类、构造、修理程序等，因而转到了分店时，分店的主管惊讶于他对钟表的熟悉程度。在做推销员期间，他千方百计赢得顾客的满意，他凭的不是花言巧语，而是凭着对产品的熟悉程度、对顾客的真诚态度来推销，让产品质量说话。为了推销塑料水桶，他不惜帮着清洁工阿姨用塑料水桶搞卫生；为了熟悉塑料桶的生产流程，他对自己的要求到了近乎苛刻的地步，每一个细节都要求清晰明了。

为了生产香港本土的塑料花,他远赴意大利米兰偷师,机智地应聘当杂工,偷学塑料花的工艺,返回香港后专门成立专研组反复尝试,终于成为香港塑料花大王。他的塑料花产品凭着良好的质量和式样远销欧美等国外市场,他坚持互惠的经商之道,并善于抓住机遇在一周之内提升公司档次,一举拥有北美市场最大的产品订单。

李嘉诚对市场有着敏锐的嗅觉,这源于他勤奋的好学精神及永远站在信息的最前沿。他曾建议舅父的钟表店由修理转为制造,建议一五金厂由生产小铁桶转为制锁;而他自己也并不满足于塑料花大王的称号,把握机遇成功转型,进军房地产,形成房地产、信息科技、生物科技、现代传媒等脉络明显、优势品牌稳定、多元发展的商业格局,成为《福布斯》排名榜上的亚洲首富,成为全球最有影响力的富豪之一。他富而好善,多次捐献,先后捐资创办汕头大学、长江商学院等。

"品"者,即三个方方正正的"口"的累积,既预示着品牌品质的树立需点滴累积,需有一以贯之的勤奋;也预示着品牌品质的好坏需众口评说,经得起众口评议及历史检视。众口评说是"他律",只有严格自律的人才经得起众口评说,而李嘉诚就是一个严格自律的人。

他的办公室墙上有一幅左宗棠的书法作品,可以诠释他的自律:"发上等愿,结中等缘,享下等福;择高处立,寻平处住,向宽处行。"即使家财万贯,他也愿享下等福,过着苦行僧似的生活。他睡前一定要看书,非专业书抓重点看,如与公司经营相关的书籍,即使再难懂也会看完;晚饭之后,会看20分钟左右的英文电视节目,并跟着大声读;每天清晨5点59分起床,听新闻、锻炼和安排当天工作;他的办公桌整洁干净,奉行"今日事今日毕"。

他的自律,源于对中国传统文化的挚爱和践行,他常将《老子》《论语》带着身边给儿子们上国学课。"君子求诸己,小人求诸人",他深谙此道。危难之际,他更多地靠自己。他的危机感很强,90%的时间在思考未来。他认为,山谷的最低点正是山的起点,许多走进山谷的人之所以走不出来,正是由于他们停住脚步、蹲在山谷烦恼哭泣的缘故。在长江公司的低谷期间,《商报》曾报道《且看长江公司的真面目》一文,此文本是同行的打击报复行为,但李嘉诚善转危为机,诚意邀请记者重新到公司采访报道,以《简陋厂房开出艳丽的花朵》一文扭转局面,并为公司做了一次免费的广告。

李嘉诚的自律还源于他的船长情结,他的父亲曾告诉他,做任何事情要像大船船长一样,既要预先准备好一些事情,又要随时准备应付突然来临的一切事情。因此,他也常跟人说,做生意似划艇,要思考"有没有足够的力气从A到B",还要思考"有力气再划回来吗"。正因为他严格要求自己勤奋、有计划,日积月累,才能做到善于观察和积累、一天天取得进步,学习力和判断力超越同龄人;才能做到不疾而速，在谨慎和胆怯、勇猛和冒失之间做出决断；才能做到充分顾及对方利益、巧妙解读政策并依靠政策致富。

"力不到不为财"，此财既指物质财富，更指精神财富。诚如李嘉诚所言，内心的富贵才是财富；成功的本质不是求取财富，而是完善自我。内心丰盈的财富源自勤奋与自律。

知行合一　深知笃行

——读《知行合一的心学智慧》有感

一口气读完罗智所著的《知行合一的心学智慧》，感觉受益匪浅，现对书籍观点做一个梳理小结。

一是立志。关键词有：念念不忘、充盈细胞、神启状态、正向思维、换位思考、欲速不达、人马合一、脑中见志、行动强化、自我控制、竭尽全力。

二是养心。关键词有：镇静自若、内心清静、小心谨慎、洞察微妙、放松专注、从容选择、抛弃负面、活在当下、潜在能量、内心召唤、释放怒气、心胸豁达。

三是为人。关键词有：宽以待人、去除傲气、以柔克刚、退让一步、接受现实、三省吾身、做正确事、白隐禅师、八风不动。

四是为官。关键词有：执政为民、左右逢源、以德服人、搞好人脉、敢于担当、领导引路、静而安、安而虑、虑而得、本能反应、坦荡为官。

五是合一。关键词有：内心愉悦、感知悟性、渐进、集中、把握、突破、事上磨炼、用心感知、行动起来、心上学、静心放松、内在渴望、熟生巧、巧生化、放开心、融入事、蓄其力、顺其流。

六是用兵。关键词有：避实击虚、兵贵神速、搜信息、细分析、贵判断、造势、顺势、不战屈人之兵、此心不动、随机而动。

七是自乐。关键词有：快乐分泌好激素、养浩然之气、心满意足、节制欲求、放下自我、心藏快乐、烦恼即菩提、活在当下的快乐。

启示小结如下：

一是立志。

立志乃万事之本。所谓无志之人常立志，有志之人立长志。立志要像电视剧《叶问》中一句著名台词"念念不忘，必有回响"，要让头脑中有志向理想达成的生动画面感，使志向坚如磐石，要让志向之火熊熊燃烧，要涌现出不达目的誓不罢休的强劲动力，要让志向充盈身上每一个细胞达到"神启"状态。在这神圣的状态里，一切为志向而生，所有的思维、行动都指向目标，从而自然创造奇迹。

在实现志向过程中，不可急于求成，否则欲速则不达，要有过人的耐心，在一种放松而专注的状态下学习——动机太强烈，思维模式会僵化；死记硬背式的学习会培养出一种机械反应，面对新情况会失去自然反应的能力；要做到人事融合、志事合一；要学会自我控制，调整心态，让心灵进入宁静和谐的状态，并竭尽全力；好逸恶劳是人性弱点，不可沉溺其中而不能自拔。

二是养心。

养心首先要养静心。镇定自若的心境是能力和智慧的源泉：静坐是简单的方法——暂时什么也不做，放松身体，收摄思想，自然静静地观看心头各种念头的来来去去，不跟随它们进行联想，保持内心的清静。刚着手用功时，心里不会马上光明，比如河里奔流的浊水，刚存到缸里，开始虽然静止下来，但还是浑浊的；必须等到澄定久了，渣滓自然沉淀到底，才得到清水。要在良知上用功，良知存养久了，漆黑的内心自然会显现光明。马上要求见效，是拔苗助长、不符规律的功夫。静坐久了，身心宁静协调，从容不迫、镇静自若的气度自然而来，应事接物更有耐心，智慧自然生发出来。

其次要养小心。所谓"心欲小而志欲大，智欲圆而行欲方"，即"心思要缜密但志向要远大，智策要圆转但行止要方正"。只有凡事小心谨慎、如履薄冰、心细如发、心性澄明，才能对自己的情绪掌握自如，洞察到事物间的微妙联系，权衡轻重缓急、决定取舍、进退自如。

再次要养定心。也就是一个人的定力，要有白隐禅师八风不动的定力。要培养自己的定力，先要养成随时注意放松的习惯，一个人处于紧张状态之时正是易受外界刺激和干扰的时候，这就要求放松。要保持身心的松弛和开放性，不必对环境中的各种刺激物做出反应，而是静静地任它们在面前出现，然后从容自如地加以选择，不理会那些负面的信息，让它们带来的干扰慢慢地消逝。第二，心胸豁达，不要让负面情绪折磨自己，不沉浸其中，适时释放怒气。第三，要听从内心的召唤，激发"真我"意识和潜藏力量。例如，村上春树29岁那年躺在草地上，似乎"有什么东西静静地从天空飘然落下……"，他觉得自己"明确无误地接受了它"，这个"天空飘然落下的东西"就是村上春树内心的召唤，类似"神启"的东西，在心灵的感召下，他接受了它，从而认识了作为另一个全新形象的自己，开始了写作生涯。改变了自己的很多习惯：开始跑步、彻底戒掉了已抽多年的香烟，从晚睡晚起改为早睡早起……为了实现自己40岁前写一部令自己感到满意的小说的愿望，他毅然向旧我告别，成了为写作而生的人，结果他成功了！

此外要养乐心。人生不如意十之八九，只有及时调整心态，以乐观、积极状态，勇敢面对苦难，保持常乐状态，激发心中潜藏的智慧和勇气，才能化解一切厄难。快乐时体内能分泌好的激素，反之脑垂体就会产生剧毒激素。快乐在哪里？就藏在每个人的心中。寻找快乐的过程就是"致良知"放下自我的过程，是节制欲求、减少干扰、澄净心灵的过程，是专注于当前过程、活在当下的宁静而忘我、心满意足的状态，此状态容易产生"高峰体验"，心灵中最本能的能量能得到激发，整个身心有和谐安稳、超然舒缓的喜悦。"烦恼即菩提"，烦恼看似是影响心灵宁静的障碍，如能从最本质的角度去对待它，静心去认识其规律，就能将烦恼转化为快乐，将纷扰的心理升华为自在和安详。

三是知行合一。

在"知固吾有、知先行后、知重行轻"的基础上，王阳明提出了"知行合一"的观点，他认为"知是行的主意，行是知的功夫；知是行之始，行是知之成"，知与行二者不可分。注重"心上学"，即古人的"格物致知"，或"意向训练法"，如拿破仑采用了"心理预演法"，勾画自己成为法国未来领袖的生动画面。

知行合一，首先要做到深知。思考要有深度，"静而后能安，安而后能虑，虑而后能得"，心静了才能真正思考，思考才能有所得。要在"无欲"上用功，但"无欲"并非一切欲望都没有，而是要消除那些不切实际的浮思杂念，要静心放松，激发内在渴望。判断要前置：事先要做好搜集信息及分析、判断、谋划的工作，这样才能知己知彼，思考决断准确，这也是王阳明立足于"稳"的"兵贵拙速"之说。

其次，要做到笃行。先要建立好自己的人脉。以德服人、宽以待人、去除傲气、学会退步，敢于担当、坦荡做人。第二，要"此心不动，随机而动"，顺天而行：将心放开，把"自我"化掉，融入所做的事情中，与天地同呼吸，与自然共命运，在忘我状态下将自己的潜能最大限度地发挥出来。第三，要善于在事上磨炼、学会循序渐进。在决定干某事时，不断集中注意力，则对这件事的把握能力不断扩大，每跨过一个关卡，都会突破一层新的境界，为实现下个目标打下坚实基础。要学会通过集中力形成把握力，借助契机和平台进行突破，形成新的境界。只有注重在事上磨炼，才能锻炼自己的应变能力、增强感知能力和悟性。例如一场15分钟40道题的考试只有5个人能按照要求答题，是缘于心不静。要注意体悟事物变化规律，通过心的体验去感知宇宙的奥秘，达到遇事不慌的境界。第四，做一件事时，要像孔子向师襄子学习弹琴一样，一而再再而三地将一首曲子弹出了境界和气度。要"熟能生巧、巧能生化"，完全内化于心，达到与"道"合一、得心应手的化境。第五，行动起来。行动可能不成功，但不行动永远也不可能成功。所谓致良知，最终还要知行合一，由行来实现知，在事上磨炼，才能致得真知，关键还是"行"。例如蜜蜂与苍蝇在瓶中碰壁的实验，最终苍蝇得以生存，缘于其向上、向下、向光、背光的多次尝试和探索，而蜜蜂只向光亮处飞翔。

唯有如此，我们才能真正做到知行合一，深知笃行也。

教育究竟需要哪些常识？

——读《回归教育常识》有感

读罢汤勇的《回归教育常识》，深为其带领四川阆中开展教育实践所取得的成效而感动，同时也为其坚守常识的精神而敬佩。掩卷沉思，书中究竟告诉我们哪些教育常识？

教育是什么？教育即养成教育，教育是人学，是人的教育，应向人类传递生命的气息，是一个发现、唤醒的过程，是人格心灵的唤醒。

好教育是什么？是朴素的教育、本真的教育，是希望看到儿童追求知识，是"无所作为的、浪费时间的"教育，是孩子感受不到教育存在的适合教育，是一个灵魂唤醒另一个灵魂的潜教育，是生存、生活、生命教育。

好教师是什么？教师须心存敬畏，首先自己心里要充满阳光，要敢于求变，让自己变得更美好。教师最美的身份是读者，素质教育是高素质教师进行的教育，教师要适应综合化、主题化、跨文化领域，教师最起码要求"一言一行都没有消极影响、一饮一啄都有正当意义"，好教育源自良好的师生关系，好的师生关系是在诸如改作业等师生互动的小事件中一点点积累起来的。

学生是什么？是成长中的人。学生成长像条河，发源于家庭，汇集于学校，最后流向社会的海洋。故家庭教育很重要，孩子的本性与良知更多地在家庭教育中逐渐形成，一个人的育子方式最能看出这个人自己的人生态度，父母对孩子的教育，不是干预、控制、强迫，而是留出足够的成长空间，多陪伴、交流、沟通、引导，体验犯错机会。

以上这些，都是大白话、是教育常识，但是要做到回归是需要勇气和坚持的，更需要每一个教育人的坚守和践行。